Ma cure de silence:
Et si on essayait le calme?

安靜力

每天10分鐘，

揮別躁動與空虛，重新遇見美好的自己

法國禪宗靜坐教練

坎吉育・塔尼耶 著　　**聶雲梅、周昭均** 譯

Kankyo Tannier

目錄

Part 2 〔讓一切靜默〕

推薦序

紛亂的心與喋喋不休的腦袋

諮商心理師／愛心理創辦人　吳姵瑩 Chloe Wu

我的工作每天都在面對「心很累」的人，這些人來到我面前，看起來話不多頗安靜的，但表情苦澀且意志消沉，每當我去探索是什麼造成他們心累的因素，大部分他們呈現出來的都是內在有個喋喋不休的聲音，反而不一定是環境對他們的要求。

舉個例子，Amy 分手一陣子了，為了想走出分手的陰影，她規劃一趟獨自去東南亞的旅行，在旅行過程中有很多挑戰，包括語言不通、差點被騙錢、沒睡好等等在旅遊中常見的狀況，雖然最後她順利地完成了五天單獨旅行，但是當她再次坐在我面前時，卻充滿負面感受；一方面她覺得自己做了一件沒意義的事情，另一方面也覺得自己為什麼要自找苦吃，而旅行中的美景以及與當地人或旅人的互動相處，也無法成為她正向的記憶。

整趟旅程結束，她只覺得心累，而原因其實就在於她身上強烈的「欠缺感」，以及內在嚴厲、批評又厭惡的聲音，讓她渴望超越自我體驗孤獨、卻又渴望旅程中有人陪伴心中的孤單，兩股渴望在心中產生拉鋸，當旅途中有任何一丁點的不順心，就開啟喋喋不休模式，嫌棄自己做得每件事情。

親愛的，這是你日常生活中常有的狀況嗎？

明明立定目標想做一件事，可是做完之後又嫌東嫌西，怎麼樣都不滿意？

你有個人人稱羨的生活，但內心卻有別人無法理解又無止盡的空洞感？

你對生活茫然不安且不知該如何選擇，可是又無法靜下心來為自己規劃？

作者坎吉育・塔尼耶寫這本書，光是書名就很吸引我，她在書中提到許多現代人上述常見的困擾，該如何回到日常生活中給自己一段安靜的時間，好好與自己相處，但「好好相處」其實包含許多技能與知識，包括你需要能理解人心智與情緒運作的方式，否則當情緒一來你就開始自責，不懂得如何因應，就會開始壓抑或讓行為失控。而人們會用影像、「內在的小小聲音」或身體感覺來思考，因此要能有意識地覺察你如何去思考，你才有辦法與自己相處。

所以在Amy的例子裡，她在旅行時腦袋中的電影院開始播放與她前任出遊的畫面（影像），而旅遊過程的疲累與不適應（身體感覺），再加上內在對不適應的狀態開始碎碎念（內在小小的聲音），因此讓她開始「思考」：「這一趟旅程真是個錯誤！」而因為錯誤感，心情又沮喪，身體又提不起勁，又想起之前精力充沛的模樣，而不斷開啟負向思考循環，最終腦袋與心思都不得安寧。

所以，當你理解運作方式，你還要理解方法和技巧，以下簡單陳述作者的內容：

1. 擁抱自己，與腦中的聲音和解。

在第四章中有一個篇幅提到和自己「小小的聲音」玩耍，在上述Amy的例子中我也運用過。很重要的是，你要先能：

–「辨認小小的聲音」：對多數人的困難是—「這就是我的聲音啊！」但其實你細緻的觀察，內在聲音有很多種版本，只要能掌握好影響你最深的，相信你的人生會輕鬆很多。

–「降低音量」：也就是降低被控制的影響力，想像有個聲音按鈕把聲音降低。

–「遷移聲音」：定位聲音的位置，並且將之搬家。

2. 告別不安，與當下身心合一。

「呼吸」是最快能幫助你回到此時此刻的定錨，當你陷入情緒旋渦時，你會掉入彼時彼刻而身心分離，透過呼吸與打開感受，回到現在，可以提供你更多安頓與安全感。

3.轉化情緒，接納過往的傷痛。

無論何種情緒出現，請任由它存在，並讓它自行消失卻不介入，也就是用中性的眼光觀看它，不壓抑、不批判，只要專注在當下，情緒很快就流洩掉了。當情緒過去了，身上發生的事件就會成為你的歷史，且不會干擾的往事了。

提醒你，別讓這本書的內容只成為你腦袋裡的知識與文字，很重要的是你願意撥時間去實踐與練習，唯有實踐，你才能真正「體驗」，而一旦你體驗到安靜，相信你生活中許多大小事，都能在安靜中迎刃而解了。

「諸弟子，較之群眾，寧擇獨處，較之憒鬧，寧擇閑居，較之喧
囂，寧擇寂靜。」

——佛陀臨終之言，由禪宗大師奧利維爾．賴艮——旺仁（Olivier Reigen Wang-Genh）某次傳法引用。

引言

一本與眾不同的書

與個人發展有關的書籍，常常會充滿短時間內就能為人們帶來安詳和寧靜的方法。但即便是在這方面極具天賦的佛陀本人，也是歷經數年時間才做到的。除此之外，對我來說，這些「立即可用」的使用說明書有其侷限性，更好的做法應該是從真實生活中汲取趣聞，配上一些簡單的練習。我在閱讀這類書籍的時候，常常會有抑制不住的衝動，想對所有「奇蹟法則」的狂熱追隨者棒喝道：「請你們證明一下！」因為他們的人生經歷鮮少反映出應該要有的智慧。所以，為了不讓最具懷疑精神的讀者心生不滿，我在這本書中補充了許多實例、各類小故事，以及其他第一手的親身見聞。當然，也包括一些失敗的故事，甚至最不光彩的例子！

此外，書中也時不時出現一些奔放抒情的段落，都源自我對大自然和萬物生靈之美情不自禁的驚嘆。如果你比較理性，可以放心地像岩羚羊一樣，輕盈躍過這些段落，我不會因此對你心生怨懟（再說我也根本不會知道，面子保住了！）。

在瀏覽此書時，無論你是依序閱讀或隨意翻閱，都會發現大量的實踐練習。你可得當心！每個練習都想要改變你的生活！此事千真萬確，實為本書初衷。因為，既然要寫一本書，長篇累牘地深究此實踐、彼實踐的益處，既然要披露我個人生活的諸多面向，那不如就讓挑戰值回票價。也因此，你翻開這本書時會有風險：書中潛藏著想要深刻改變你的力量。在治療中有這麼一句話：比起無法預期的新事物，大多數人更喜歡令人不悅但熟悉的狀況。那你呢？

在你認真謹慎地思考這個問題時，我替你介紹一下書中提到的實踐練習吧。這些練習你在日常生活中就能輕鬆進行，不需要在天亮之前早起，或是從既定的作息中空出好幾小時來進行。它們更像是在你的日常活動中點綴幾筆覺察和專注，就如同在菜餚裡添加味道細膩的香料。你將會看到，時間的韻味可能會因此改變，散發出令人難以置信的芳香。

當然，偶爾用更寬裕的時間從容行事，獨享空曠無人的海灘，對我們的身心修行更有裨益。對於那些能自由支配時間的幸運兒（在這個停不下來的社會裡，看看你有多幸運！），我推薦寺院裡的禪修，或居家一日／數日的靜音療法給你。

我希望翻閱本書的每一個人，都能在閱讀的過程中尋覓到某些適合自己的建議或練習。它們會像裝在口袋裡的金塊，悄悄地讓我們的內心豐盈而富足。

作者先行致歉

這本講述靜默的書六萬字有餘。多矛盾，不是嗎？花這麼多篇幅來描寫無法言喻的感受，也許還比不上著名畫家林布蘭（Rembrant）的一幅油畫，或法國作曲家薩提（Eric Satie）一首樂曲的效果。如果想邀請靜默出席生活的盛宴，那麼我想，最簡單的方式就是全神貫注幾秒鐘，打開耳朵，用心聆聽掠過天際的鳥兒發出的聲響……或其他突如其來、令人驚奇的事物。

不過，就像畫畫或者熟練地演奏鋼琴一樣，我有著法國橄欖球代表隊傳球前鋒的細膩謹慎，還有著場邊足球教練的沉穩淡定，因此我盡量運用自身所能來寫作這本書。於是，手舞足蹈的詞語從鍵盤上像被施了魔法般躍然紙上，它們興高采烈地從左到右、從高到低，又從前到後地跳躍，直到在書頁上找到自己的位置。想法、句子和小故事紛紛湧現，一個接著一個，一點一點地繪出了這本書的經緯。坦白說，看著眼前這一切我自己都很訝異，我問了自己一個最基本的問題：這些詞語是從哪裡來的？這種會用語言表達、文字書寫和閒聊的意識是什麼？時至今日，我仍然無法解答這些疑問，但成果就是你手中的這本書，我也希望你能原諒它的絮絮叨叨。

誰是誰？標籤圓舞曲

當有人問我以什麼維生時，我總想回答：「嗯，很多事情。走路、吃飯、睡覺、仰望天空、呼吸、撫摩貓咪、冥想、唱歌……你呢？」但這些並不是他們所期待的答案。每個人都必須賦予自己一個角色，就像在額頭上貼一個標籤，這樣對話者才能將我們好好地整理進抽屜。如果一個人沒有標籤，甚至可能會讓其他人疑慮重重！因此，為了讓世人安心，我也為自己設置了幾個可重複利用的標籤，以便根據不同的環境，靈活地選擇和使用它們。

我用最多的標籤是「禪宗女僧人」。無疑的，這也是最根深蒂固的一個標籤了。久而久之，比起轉印圖案，它更像一個去不掉的紋身。我出家為僧十五年了。但是，「女僧人」這個詞選得並不好，儘管它幾乎涵蓋了我所有的修行生活，但仍忽略了不少其他層面。在我所信奉的禪宗傳承，還有其他佛教宗派裡，我們可以結婚（我有一位非常迷人的伴侶），可以有小孩（這我沒想過）。我們的同道人中，不少人除了寺院中的工作，還從事其他職業。於是，「女僧人」這個詞略顯過時，尤其當你發現我的一部分活動是借助網路來完成後，「女僧人」三個字就更顯得老派了。除了推廣我的部落格以外，我還是寺院和其他佛教協會社群網站的負責人。總而言之，我是一個二．〇版的女僧人！隨著時間過去，我也開始參與許多其他活動，它們占的比例越來越高，比如迎接新人、教導靜坐、四處演講、與人訪談、為雜誌撰稿、與同行交流等等。每一天我的生活都繁忙而充實，並且妙趣橫生！

有時我的額頭上貼著「治療師」的標籤。我做催眠治療師有幾年了。催眠療法是透過意識狀態的變化，來引起改變的行為治療。催眠療法的應用領域甚為廣泛：改善抑鬱、幫助準備考試、建立自信、恐懼症治療……。我很喜歡這個職業，我也在認識他人的過程中，找到了很多教授佛法的素材。在我的禪宗傳承裡，修行課程為時尚淺，目前還沒有機構為其承擔費用，所以為了維持下去，我們每個星期都會花幾小時兼職其他工作。我覺得這樣也好！跟同時代的其他人一起為生活奔波、找工作、賺錢，這似乎讓我們可以更好地和人們交流、進行講座和授課。

此外，我還是一名指導唱歌和演講的老師。事實上，教師是我的第一份職業，始於一九九八年。在本書中我將重拾這個話題。

最後，從兩年前開始，我開始了馬匹飼養員的工作，是志工性質的。它和之前那些標籤毫不相關！置身於半自由生活狀態的馬群中，能讓我們發現牠們自然真實的一面。我從中學到太多，以至於無法抗拒跟你們娓娓道來的樂趣。作為一個都市人，此前我對馬群世界的認知僅限於《彩虹小馬》的系列玩具，以及法國賽馬的畫面……而現在，我經常開著拖拉機為牧場送乾草，或者把手指頭伸進馬嘴裡檢查牠們的牙齒。我替牠們刷牙，替牠們調配「健康易消化」的飼料以幫助牠們度過寒冬。我撫摩牠們，幫牠們撓癢，時不時輕戳牠們，直到盡興。我尤其喜歡花上好幾小時待在牠們身邊，潛心研究——靜默！

然後現在，我成了一名平庸的作家。但願雨果會原諒我的莽撞！我們且翻過這一頁吧……

編輯委員會

許多人和物都參與了本書的撰寫。

比如我的貓咪公主——拉拉，她經常待在電腦旁邊，慵懶地伸展四肢，提醒我該休息了。沒有她和她的善意提醒，我的脊椎早斷成碎片了……當她步態優雅、從左到右走過我的書桌時，我就做了眼睛瑜伽，瞳孔得到休息。

我在附近茶館遇到的那位九十三歲的小老太太，曾用道地的亞爾薩斯口音對我高聲說：「每晚睡覺前我都會用放大鏡看你的文章，它們讓我感到舒服……是的……我很確定，它們讓我感到舒服。」每當我文思枯竭的時候，她的話總給予我前進的動力。

在某個陰鬱沮喪的日子裡，一縷冬日暖陽穿過玻璃窗，灑滿我的書桌，彷彿在對我說：「嗨！加油！鼓起幹勁！」

蘇菲．R，我的第一位讀者，我們之間心有靈犀，我時常想起她。

我也要感謝我的朋友、微風、小鳥、咖啡、馬兒和社群網路。尤其要感謝我自五歲起就閱讀過的成堆書籍，當時我慈祥的奶奶把我放在她柔軟的大腿上，教我讀書。如果沒有這些書籍，沒有這些淹沒在我小小腦海深處的詞彙，沒有這些從我記憶深處源源不絕地湧現，好被寫入這書頁中的各種表達語句，本書極有可能空無一字，而且寂靜無聲？

還有生活在寺院裡的那些人，他們耐心地看著我到處走動，從森林到食堂、從馬場到道場，文思泉湧，筆不停歇。這一陣子，我忙得不太有時間去做每日的修行，卻可以遙望他們集體修行，內心充滿感激。

最後，還有陪伴了我這麼多年的你。關於你我將隻字不提。我的沉默包圍著你，我們「以心傳心」[1]，此書為你而寫。

[1] 以心傳心：這是禪宗著名的用語，表示這種無聲、心領神會的溝通。

寫作之地

無論身處城市還是鄉下，我都隨身攜帶著筆記型電腦出入各種場所，最終完成這本輔助之書。

比如我住了十五年多、位在維特斯韋勒（Weiterswiller）的禪寺，此奇蹟之地位於亞爾薩斯（Alsace），深藏於森林茂密的北孚日山脈中。我常常會回到那裡，尤其是在冬季，當我那小小的住所冷得如同冰窖時。去年冬季正是如此：氣溫常常降到攝氏零下十度，管線結冰，刺骨寒風穿過木牆，我只能放棄隱士生活，逃到溫暖的寺院裡看霧凇來襲。在這樣的環境裡，時間別有一番韻味。我們藉由網路了解時事，與世界保持聯繫，但寺院本身散發出一股平和的能量，讓我們放慢腳步。因為每日早晚的兩次靜坐，此地瀰漫著一大片雲霧般的正能量波，和諧的頻率如袈裟一般包圍著寺院。最終，人的思緒得以變得祥和寧靜。

提到網路，為了避免讀者對這個主題有所疑慮，我先聲明：在寺院裡進行短期禪修的人是需要關掉智慧型手機，真正遠離數位產品的。在接下來的內容裡，你將會了解箇中緣由。

我每週都去史特拉斯堡（Strasbourg）一次，只為在這座城市的小咖啡館裡寫作，例如米歇爾快餐店（一九六八年這家店掩護過五月學運的大學生，因此聲名顯赫）、有巨大落地窗的團結酒吧、大西洋酒吧（一家將河流全景一覽無遺的駁船酒吧），以及我們地處市中心的修行之地——禪宗佛教中心。

然而，凡塵俗事從不簡單。關於「鄉間」的段落有時是在城裡寫出的，反之亦然……。

如何使用本書

下面章節提及的大部分主題和練習，都取自生活中的真實事例。會這樣做是基於一個簡單的原則：假如有人成功試驗過某件事情，那麼與此事有關的大門也就此敞開，能讓其他人長驅直入了。

我在學習催眠的時候，曾廣泛研習探索神經語言程式學（NLP），這是對大腦教育學的一種粗魯稱呼。我因此學到在醫學特性之外，人類的腦袋是如何運作的，尤其學到該如何正確引導它達到預期目標。效率十分驚人！神經語言程式學的原則之一就是模式化。

為了要達到目標，在某個領域取得進步，在生活中有所改變，神經語言程式學的創始者建議我們看看那些成功者的經驗……然後模仿他們！他們將這種實踐法稱為「建立模式」，以便將其傳授給人們。不過，那只是一種透過模仿來學習的方法。法國社會是一個鼓勵與宣揚革命精神和獨立自主的社會，製造模範、模仿他人的想法並不總受人歡迎，因為那看起來像是弱者的專屬品。的確，「沒有上帝也沒有主人」[2]，那我們究竟能景仰什麼呢？

學習催眠治療之後，我便開始毫無節制地建立模式。只要有人做了

[2]「沒有上帝也沒有主人」，是法國十九世紀末無政府主義者提出的口號，表示不願意服從任何宗教或政治權威。

有意思的事情，或是表現出某種特殊才能，我就會仔細研究他的運作模式，並從中提取精髓。面對我沒完沒了的問題，有些受訪者會被我弄得頭昏腦脹。比如女僧人米歇爾，她面對另一位修行者的冒犯意見保持了絕對的冷靜。我邀請她一起喝下午茶，然後不斷追問她：「你是怎麼做到不動怒的？」、「你有沒有覺察到自己的情緒？」、「在她挑釁你的時候，你對自己或對這名女子是怎麼想的？」、「你是怎麼做到不再去想這件事的？」……如此種種。面對這些出乎意料問題的猛烈攻勢，她仍淡定從容。之後，我從模仿她的行為方式中獲益良多。

這就是我要透過此書建議你做的事情。當你感覺到某個典範給你靈感時，請效仿他！建立模型，做同樣的事情，探索研究，加入探險之旅！你會因此發現新的源泉、看待世界的新方式，之後你也可以靈活運用。最重要的是，和大家分享吧！

1

何謂靜音？

01 靜音的效用

現在是下午六點。這個季節夜幕降臨得早，森林籠罩在半明半暗的柔和暮色中。林間微風拂過，遠處教堂的鐘聲響起，隨後禪寺的鐘聲也遙遙呼應。鳥兒停止鳴叫，偶有窸窸窣窣、噼噼啪啪的聲響，讓人預感到野生動物即將出沒。除了數量驚人的猛禽、烏鴉和遊蕩的野貓外，人們還經常在這裡遇到母鹿和野豬。夜晚悄然而至，彷彿懸於空中。對於懂得聆聽的人，冬季是如此安詳、療癒！

而這正是我們將要談到的話題：重新學會聆聽，聆聽安靜，聆聽話語的留白，聆聽暴風雨中的平靜，聆聽時間的流逝；重新學會品味，品味須臾，品味菜餚的香味，品味日子的餘韻，品味火苗的熱度；重新學會感受，感受手的碰觸，感受心的跳動，感受空間的延展，感受時間的靜止……總之，有很多事情要做！

跟所有的學習一樣，一開始讓我們先確定一下範圍。當然，條件是我們得先獲得學習主題——靜默——的同意。因為靜默是個狡猾的傢伙，它並不甘心被束縛，哪怕這牢籠舒適柔軟。那麼來吧，讓我們一起努力試著馴服靜默……走著瞧吧！

嘗試定義

今天早上，我拼命回想生命賜予過我的最安靜之處。毫無疑問，是我幾年前去過的摩洛哥撒哈拉沙漠。我和朋友一同前往，並在天亮前早起，只為一睹沙漠日出的風采。撒哈拉風平浪靜，紅色的沙丘一望無垠。長久以來，隱士和追求絕對真理的人會隱居沙漠。那天早上，我明白了這其中的原因。我獨自靜坐於沙上，再無俗事打擾。天地萬物近在咫尺，無所變化，過去、未來皆為虛妄。置身其中的我們，無須為證明自己而煩惱，無須執著於虛幻的成功，無須奮力追趕和抓住機運。在此地，你只需盡情呼吸，品味此刻的平靜。

之後呢？之後其他人來了，他們高聲驚呼：「哇，太美了！我們來自拍！」剛才的魔力瞬間銷聲匿跡。Instagram 展示了人們嘆為觀止的表情（#onestzen），沙漠在人們各種愚蠢的舉動前輕輕嘆息。而我，只是小心翼翼地取了幾粒沙。它們在我的口袋裡發出窸窸窣窣的聲響，彷彿在提醒我：永恆無盡在此，隨時歡迎那些想要見到它的人。

靜默與無聲毫無關係

每一個人都在某一天體驗過這種無邊無際的感覺：行至森林轉角，

突然停下腳步靜止不動；置身於移動的人群中時；深夜時分搭乘公車回家時；遠遠地傾聽朋友聊天，但其實並未真正聽見他們交談的內容時……，每一次，靜默都潛伏其中。在各種話語、習慣的畫面、熟悉的感受之間，存在著一個與它們平行的世界——一個絕對安靜、有益身心的世界，一個由高度集中的注意力和意識守護著大門的世界。請大家明白，靜默和無聲是完完全全互不相關的兩件事情！

如果這兩者是一回事，那一切就太簡單了。如果體驗靜默和內心的平靜，是只需要每天花兩小時把自己裝進一個能隔絕感知的箱子裡就可以了，那靜默早就廣為人知了！二十世紀七〇年代，這種做法曾風靡一時，最近又以「漂浮療法」的模式出現在大城市裡。不過，有幽閉恐懼症的人不建議體驗，阮囊羞澀的人也消費不起。我們在接下來的書頁裡會誠懇地向你推薦更詩情畫意，且完全免費的體驗。

不過，先讓我們關注一下人類的耳朵吧。據科學家研究，人耳可以聽見二十赫茲以上的聲音。那麼，這是否意味著其他頻率的聲響不存在呢？我和貓、馬共度了很多時光，牠們的聽覺異常靈敏，我常常驚訝地發現牠們豎起耳朵傾聽時，我卻什麼都沒聽到。這時，我總是很有信心地望向牠們耳朵所指的方向，稍後常常就會看見有人或狗經過。牠們有著最豐富的聲音世界，牠們追求的靜默當然也與我們所尋覓的大相徑庭。和這些聲音專家頻繁接觸後，我也瘋狂而好奇地朝任意一個方向伸長了自己的耳朵。聽見更多聲音將我與當下連接在一起。最終，我與安靜融為一體。

回到喧囂的城市後，我卻常常不得不做相反的事情。在數小時的聽覺敏銳度訓練後，真的很難再回到尖峰時段嘈雜沸騰的人海裡。此時，我的大腦好像被施了魔法，運用了一種極其簡單高效的方法——遺忘聲音。置身於城市的大腦忘記了聆聽，它漠然地讓聲音穿透身體。這種方法很實用，大多數人為了在周遭的嘈雜中存活下去，都採取了這種方法。很幸運地，除非是在極度疲倦的情況下，否則一般我們聽到的聲音都是過濾後的，就像是一種自動降低聲音敏感度的機能。我們的適應力真的很了不起。

對了，告訴你一個好消息：城市中其實也處處充滿靜默與從容！這一點我們在後面的章節裡會談到。

內在的靜默VS.外界的無聲

內在深處，一個小小的聲音在我耳邊響起：「見鬼了，和他們聊聊內在的靜默吧……」儘管言辭粗暴得讓我有些手足無措，但我不得不說，這個命令是中肯的。

所以讓我們來聊聊內在的靜默吧。這是關鍵。它的原則很簡單：改變周圍的環境很難，只有改變我們自己和我們言行的才能持久。你一定聽說過奧理略（Marcus Aurelius）[3]的這句名言：「請賜予我力量，讓我接受那些不可改變之物；請賜予我勇氣，讓我改變那些可以改變之物；也請賜予我智慧，讓我有能力辨別兩者。」根據這個原則，即使我們不

[3] 羅馬帝國皇帝，在位期間為西元一六一—一八〇年，著有《沈思錄》。

能讓鄰居在凌晨兩點閉嘴，或者讓正在玩鬧的孩子安靜下來（或者應該說「正在發展創造力」的孩子，就像現代教育學家告訴我們的那樣，這多少有些受虐狂的語氣），我們也可以改變自身看待事物的方式……或者也可以搬家……或是把自己的孩子賣掉（噢！不行，有人提醒我這是違法的）。

因此，智慧之道在於培養內在的靜默。培養內在靜默，能讓我們在面對緊張局面、身臨喧囂世界，或面臨情緒驟變之際，能保持淡定從容。

什麼是內在靜默？

內在靜默的概念需要解釋說明，我們將會在以下的章節裡，透過研究日常生活中的不同情況來大幅探討。不過，此處已有一些線索可以提供給大家。

讓我們以如何對付吵鬧鄰居這個主題為例。有一個能讓部落客開心的經典做法，他們會在部落格上（例如 chersvoisins.tumblr.com）分享鄰居貼在樓梯小告示上的「善意言語」，並以此為樂。如果遇到言行粗魯的鄰居，訓練內在靜默的方法則是一邊學習以下做法，一邊重拾平靜，比如：

- 任憑親愛的鄰居蓄意毀壞你生活的畫面，從腦海裡流過；
- 任憑內心那個對你說：「我要讓他看看，我不是病貓！」的小小聲音飄過；
- 理解在這種情況下突然而至的憤怒、屈辱或無力感，坦然接受它們，並讓它們自己平靜下來。

一旦運用了這些新方法，一種與以往不同的內在節奏就會隨之而至，這是一種平靜感，一種讓生活更愜意的平靜感。訓練內在靜默其實是在訓練我們的各項感知領域：眼睛、耳朵（由話語傳達）及身體。對於每種感知，我都會為大家提供確切的例子，盡可能地引導各位，也會提供一些可以立即試驗的小祕訣。

靜音生活的益處

靜音生活益處多多，請允許我在此處花點時間。它們有些與我們的幸福生活狀態有關，有些涉及我們的社交生活，有些甚至……攸關世界和平！

後退一步，重新聚焦於自身

保持靜默能使人進入另一種節奏，在面對動蕩局面時我們能更加從容、克制。二〇一五年發生恐怖攻擊時[4]，比起事件本身，媒體長篇累牘的報導或許更是引起大眾不適的始作俑者。我們在各個電視頻道上立即觀看到了逮捕恐怖份子的現場報導、在臉書個人檔案上標出「我是查

4 二〇一五年法國遭遇兩起重大恐怖攻擊，分別是一月的查理週刊總部恐攻，造成十二人死亡；以及十一月十三日的巴黎恐攻，造成一百三十人死亡，四百多人受傷。

理」，也盡情針對最瑣碎的消息發表評論。幾週後，作為催眠療癒師的我收到了很多失眠患者的約診。他們每個人都有同樣的特質：整天守在媒體前，只為不錯過任何蛛絲馬跡。他們吞下的畫面和社群網站上不斷傳播的訊息深深植根於腦中，最終演變成一片巨大駭人的烏雲，讓他們無法邁出下一步。

倘若他們那時對媒體啟動靜音模式，情況或許會大大不同：小量、零星地收聽新聞，遠離社交網路幾天，迴避會引起焦慮的長談等等。這些靜音行動會讓你的精神健康得以倖存，我友善地建議你在發生恐怖攻擊時如此行事。如此一來，壓力、潛藏的焦慮或危機感都會減少，散佈在世界上的負面情緒也會少很多。

自發地啟用靜音模式，從動蕩局面中逃離，可以讓我們後退一步看事情，避免盲目聽從媒體或其他自稱專家的人士大肆分析。要知道，他們所聲稱的客觀中立常常令人存疑。

同樣的規則也可應用在工作、家庭，或在其他地方遇到的衝突上。比如，別急著回覆一封讓人不愉快的電子郵件，保持靜默，靜候一晚，深呼吸。有很多實踐的方法能讓鮮花遍布荊棘之地！

一項攸關大眾利益的任務：為世界和平做出貢獻

就是如此！既然要有野心，不如就讓它更加崇高，不是嗎？

說起世界和平……人類常常靠模仿來運作。待在平靜的人身邊幾分鐘，常常會令人感覺到自己的內在節奏也改變了。狀態是會「傳染」的，而保持安靜真的是攸關大眾利益的一項任務。在此，我們要發自肺腑地感謝那些每日身處喧嘩中，卻放棄發言的人。感謝那些不發表意見的人、那些讓別人說話的人、那些選擇和狗狗一起散步，而不是和朋友們開懷暢飲的人。還有，那些在鑽進汽車時就會關掉車上收音機的人。毫無疑問，他們是二十一世紀的聖人！

我最近應邀參加了一場演講後的雞尾酒會。我和所有人一樣，從這群人走到那群人，交流隻字片語，得知了一些消息，也認識了一些人。那天晚上我帶著愉悅的心情邂逅了很多人。然而，對話有時就像兩個人面對面的獨白，而非真正的交流。在演講會上，某位主講人提議我們做個小遊戲：轉向我們身旁的人，目光相對三十秒。用三十秒的時間去面對一個陌生人，何其漫長！然而，與之後的任何一次對話相比，在這樣的安靜裡我卻收穫了更多東西。四目相對，開始時有些尷尬，我和對方都毫無設防地陷入了未知的體驗中。這一切都發生在突然被神聖的寂靜籠罩，偶爾冒出一點笑聲的大廳中。

於是問題也來了：安靜中，我如何和他人共處？如何不出聲卻仍不失為一個社會人？如何讓我的身體既平靜又有存在感？

在逐條解答這些問題時，我們或許會發現一種嶄新的生存方式，因而創造出一個更美好的世界。

「片刻」的靜默

沒有什麼比立即體驗靜默效果更好的事情了。我不知道此刻閱讀此書的你身在何處：火車上（在火車上閱讀是多麼愜意啊！）？床上？樹下？法國？美國？泰國？請你放下書本片刻，抬起頭看看風景，重新感受身體、感知自己的呼吸。就這樣原地不動，無所事事幾秒鐘。差不多六十秒就好，只要短短的一分鐘。和我們在全國默哀時那幾分鐘令人感傷的沉默相比，這一分鐘的安靜愉快多了。兩者甚至根本不同：這一分鐘的安靜是我們自願接受而為，是從一直前進的時間中抽出來的。

靜默結束。六十秒過去了。你留意到時間的腳步放慢了嗎？你感受到另一個不一樣的空間打開了嗎？你看見世界的輪廓變得愈發清晰了嗎？而且，和你有時停下日常事務，抬頭仰望天空可能會有的發現相比，這些可能都還算不上什麼。

我們的須臾靜默有如魔力，似乎讓時間靜止了！當身體保持不動的時候，你會更容易察覺到。那麼，就請原地不動，嘗試片刻的安靜吧——你只需要注意那些變化，以及出現的事物即可。

● **祕訣**

你不妨想像以下的畫面，讓自己真正身臨其境，體驗靜默：你在高速公路上全速飛馳。風景迎面躍入眼簾，一切都很熟悉讓人放心。偶爾會出現幾個轉彎，但大都是筆直的道路。高速公路讓人有安全感，但沒有什麼風景值得欣賞，你可能開始感到乏味，服務區其實有點淒涼，車裡開始出現不好的氣味。倘若你從第一個出口出去呢？假使你在不熟悉的路上閒逛幾公里呢？如果你冒著風險去「另闢蹊徑」呢？

從緊湊日程中抽出來的片刻靜默，就像潺潺小溪自山丘上緩緩流下……你知道這樣做的結果是什麼！

克服困難

現在我們來談談嚴肅的事。無須多言，沉默是金，所有智者和哲學家皆可證明。既然瞭然於心，那還有什麼可以阻止我們去實踐它呢？還有什麼能反對我們將緘默這種崇高的饋贈賜予世人呢？我們都知道：「我們有權保持沉默，我們所說的一切都有可能被用來指控我們自己。」那為什麼不享受沉默帶來的一切呢？

我們得承認：在通往崇高的靜默之路上，障礙重重。我列舉其中的困難，目的並非讓你氣餒，而是覺得在迎戰敵人之前，最好先了解他到底是何方神聖。

我們稍微離題一下，你知道在印第安柯吉人（Kogi）的語言中既沒有「敵人」也沒有「對手」這些詞彙嗎？在現在這個意識形態衝突不斷的混亂時期，這是很有意思的。假如在我面前的不是敵人，而是「另一種思想體系」，假如對方不是對手，而只是某個價值觀不同的人，那麼我們之間無所爭，也沒有人需要靠我的攻擊來獲得支援，也許這又是一個保持安靜的好機會……

缺乏感

●你了解缺乏與空虛感嗎？

靜默常常讓人害怕。特別是像當今社會，我們被各種聲音、影像，以及危言聳聽狂轟濫炸。煽情的內容不斷汰舊換新，來得快去得也快的流行熱潮、從一個點子迅速跳躍至另一個點子……天啊！真想稍微喘口氣！但是，想要喘息，人們就需要走出慣性的生活，去面對人類生活中的最大挑戰：缺乏感。早在幾千年前，佛陀就將其認定為人類的痛苦之源。缺乏感或不滿足感在各種場合發芽。當然，這並不代表世間萬物本身就是消極或痛苦的來源，而只是表示這些狀況是缺乏感或不滿足感的潛在源頭。

讓我們仿照巴斯卡（Blaise Pascal）[5]的方式換種說法：我們所有的不幸福，來自於和朋友一起安靜坐下享受夏天的夜晚時，沒辦法不去拍照上傳推特。你告訴我，這是「為了分享」，意圖很高尚。但讓我們暫時將場景放慢重播：現在是晚上八點半，時光正好，你和夥伴們正坐在露天咖啡座。週末夜晚氣氛活躍，一切本該完美無缺。但是當我們稍加注意，這種無聊厭倦之感，這種在幾分鐘之後就湧現的騷動或「坐立難安」的感覺，又是從何而來呢？我們還有什麼其他的期待？這一刻還需要再加點什麼？最重要的是，這種缺了什麼的感覺到底從何而來？是需要更多的噪音、音樂、酒精、朋友、氣氛、平靜或有意思的對話嗎？到底是什麼？

巴斯卡的原話是：「人類一切的不幸福都源自一件事，那就是他們無法在房間裡安靜地待著。」[6]我完全沒有不顧你的意願要把你關在房間裡的念頭，但這句話絕妙地說明了不滿足感，也就是佛陀提及的缺乏感。你一定了解那種感覺，那種從腹部或太陽神經叢湧現的空虛、不

[5] 十七世紀法國著名科學家、哲學家。

[6] 布萊茲．帕斯卡（Blaise Pascal），《思想錄》（*Pensées*），1669。

解、潛藏的懼怕、看不見的危險……我不打算無止盡地描寫下去，這種感受本身已經相當令人不悅，你也一定知道那是什麼。說下一件事吧！

●以靜坐克服缺乏感

接下來會發生什麼事呢？如何避免缺乏感呢？

第一種解決方法是一直被採行的，那就是人類會採取行動！他會去旅行、去看戲、談一場熱烈的戀愛、生孩子、創業等等，以逃避空虛。這是某種娛樂社會的方式，它總是把我們帶至身外的更遠處，似乎所有這一切都是要讓我們遠離自己。因為，人類如果停下片刻，如果他安靜地待著，那麼他必定要面對自己的缺乏感……而且不太清楚自己到底該怎麼辦。

幸好，對於那些不知道自己是英雄的人，有另一條路開始為人知曉，那就是冥想之路！面對（或更該說「帶著」）我們的缺乏感靜坐。當然，要有正確的方法（否則體驗將演變成噩夢）。在以下的章節裡，我會詳細介紹靜坐的方法。

●發現：缺乏感／情緒並不持久

在缺乏感中靜坐，與缺乏感共處，是依據情緒不持久的原則。萬物出現又消失，乃是自然規律。萬物皆然，情緒也是如此，只需停止反覆思考或滋養情緒即可。不久前，美國史丹佛大學的一個實驗也證明了這件事的重要性。研究員在參與實驗的志願者頭上戴上活動感應器，然後向他們展示了不同的畫面，以用來引起懼怕、噁心或溫柔（毫無疑問，一定是小貓咪的圖片！）的情緒。接著，他們統計了這些參與測試的人在多久以後會回到「最初」的情緒狀態。結果呢？你認為一種情緒會持續多長時間？最多只有幾分鐘而已！

但是，其他諸如悲傷、內疚或缺乏感之類的情緒，持續的時間卻很長。的確如此。因為人們會反覆思考、回味它們，如同細細咀嚼老骨頭一樣。情緒——這種「空虛」之物——如果只是觀察到而已，它會自然而然地出現然後消失。倘若我們不去理會它，接受它暫時的存在，平靜就會隨之而至。

無所持續，情緒也不會永恆長存。了解這一點後，即使外面天翻地覆，我們也能靜坐下來，馴服靜默。

光明的孤獨

我借用了智利作家帕布羅・聶魯達（Pablo Neruda）某部作品的標題，[7]該書由某些旅行的印象組成，尤其在字裡行間透露了獨處的幸福。這部作品篇幅不多，簡簡單單，是那種我們可以在某個夏日午後背靠大樹讀完的書，我推薦你讀一讀。靜默和孤獨的確是最佳搭檔，它們如同兩種聲音，彼此混合，創造出有無盡共鳴的第三種聲音。

對某些人來說，獨處就像聖杯一樣難能可貴，甚至是他們的終極夢想！我想到了家庭主婦，她們用橡皮擦將「獨處」從自己的詞彙表裡擦

---

7 帕布羅・聶魯達（Pablo Neruda），《光明的孤獨》（*La Solitude lumineuse*），2004。

掉了。「獨處？為了閱讀或聽音樂嗎？好吧，當我還是學生的時候會這麼做，可是現在……」。而對另一些人來說，孤獨是一件要不惜任何代價逃避的事情：他們尤其不想和自己待在一起，害怕陷入抑鬱。這些人忙不迭地安排晚會、約會和歷險，無論什麼都好過在一天結束後回到自己空蕩蕩的公寓。

一如往常，在這兩種狀況中，一切都只是看法的問題。有人會把門砰的一聲關上，脫鞋，坐在沙發上，嘆了滿是幸福和解脫感的一口氣。有某位女士會在送孩子們去上學後，在回家路上品味輕盈步伐的快樂，細細品嚐平靜的滋味……獨自一人，身處光明。

靜默喜歡在孤獨中展現自己。在此，「孤獨」這個詞指的是與自己重新連結的感覺，是擁有足夠的自由、寬敞的空間和充盈的時間，讓我們邂逅內心最柔軟的部分。我們會說這是自願為之的孤獨，是舒適地回歸內在自我。在我們重返世界之前，這能滋養我們。我們在這種心甘情願、刻意追尋的孤獨中，會有突飛猛進的進步。

● 祕訣

有時只需為自己空下「無所事事」的幾個小時就夠了。這幾個小時就像偷來的時光，讓我們學會獨處，並抵達真實自我的岸邊，那裡陽光普照，比我們想像的更加遼闊。

三R五C規則

我從我的朋友，數位經濟國際講師薩拉─艾丁・本扎庫爾（Salah-Eddine Benzakour）那裡學會了這條主要規則。它讓我開懷大笑！三R五C很簡單：「重複，重複，重複（Répéter，Répéter，Répéter）。很蠢，但就是這樣！（C'est con mais C'est Comme Ça！）」當時薩拉─艾丁的工作是幫助我完成TED講座。這種美式的講座模式很特別，為了達到預期效果，我們不斷地重複排練、重複排練、重複排練。

三R五C即「重複，重複，重複：很蠢，但就是這樣」。人類全部或幾乎全部的智慧結晶都涵蓋在這句話裡了！大腦通過重複的程序來學習。透過被更新了成千上萬次的行為或動作，大腦於是能夠鞏固神經元之間的連接。

因此，我會在本書中多次重複已經提過的訓練，而你的大腦結構也會隨之改變。你那嶄新的內心之路將慢慢變寬，路上鮮花盛開。但還不止於此，我們的思維是以「樹狀」運作的，也就是說萬物皆息息相關，我們改變某個習慣時（比如更經常仰望天空，用腹部呼吸，或者傾聽世界的聲音），是整個大腦都在接收新動作的神經衝動。這就好比手錶的零件相互驅動，骨牌一個接一個倒下一樣……一個小小的訓練就能改變整體的結構。

「重複，重複，重複：很蠢，但就是這樣！」

「重複，重複，重複：很蠢，但就是這樣！」

「重複，重複，重複：很蠢，但就是這樣！」

隨你說下去……

02

偉大的沉默者

現在，我們要去探索不同的世界了。這些世界雖各有不同，但卻都有某種共通的靜默做法，無論它們是否有意識到這一點。而在其中，就有許多值得觀察、學習與採納（有何不可！）之處。

動物，沉默之王

有趣的邂逅之地

那天早上，亞爾薩斯孚日山區的鄉間還滿冷的，溫度計顯示氣溫低至零下三度。我在這裡已經生活了十六年。我像平時一樣穿上大衣（非皮草），套上靴子，叫來了兩隻黑貓，然後去圍繞著寺院的遼闊牧場上散步。我跨過柵欄，站在高處，發出了集合的呼喊：「埃菲斯圖—圖—圖—圖爾！卡澤拉—拉—拉—！我的小天使們，快來吧！」我用接近北非悠悠（youyou）啼唱的方式呼喊了五次之後，看見低處兩匹冰島馬小跑著現身了。對這兩匹生性慵懶的馬來說，這已經是出色的表現了。但牠們為什麼會朝我奔來呢？因為我每天都帶著兩大盒裝滿大麥和「老年專用」的五穀雜糧給牠們加菜。幾個月前，牠們瘦了很多，於是我為牠們制定了一個「相撲選手增肥」計劃，好讓牠們可以安然無恙地度過冬天。埃菲斯圖爾和卡澤拉是馬群中的長老，更準確地說，是那種身體健康、精力旺盛的長老！

寺院周遭的牧場，除了鼴鼠、貂、母鹿、烏鴉、鼩鼱、蜜蜂，以及其他我就不一一提起的動物之外，還住了二十多匹冰島馬，牠們的主人是一對親切的夫婦，以前從事畜牧業。退休之際，他們將這些忠心耿耿的戰馬留在這個小小天堂裡，讓牠們頤養天年。我竭盡全力地幫助牠們，並對其中幾匹馬給予了特別關注，尤其是埃菲斯圖爾！

在冰島語中，「埃菲斯圖爾」這個名字意味著「至高無上」、「最崇高的」。我得說牠當之無愧！牠全身雪白，馬鬃很長，馬毛厚實，足以抵禦低溫。這些冰島馬露天放養，在冬日早晨的寒霜裡快樂奔跑。我可以花上好個幾小時跟你描述埃菲斯圖爾……但這不是本書的宗旨！

事實上，一年前，是埃菲斯圖爾選擇了我。當時，我已經定期來照顧這些馬匹，替牠們刷毛，牽牠們出去散步，或者只是安靜地坐在牠們身旁。在一個晴朗的日子，埃菲斯圖爾開始在牧場裡跟著我。在我每天傍晚靜坐的地方，牠聞嗅土壤的味道，靈巧地繞過圓木好待在我身後，然後牠在我頭頂上伸長脖子。當時正值夏季，我席地而坐，牠的頭像一頂小巧可愛的太陽傘，為我遮擋陽光，可謂方便至極！然而我的「陽傘馬」還是有些淘氣，有時會讓我不能全神貫注地靜坐。一週中，這樣的場景每天都會發生。我於是選擇了森林裡另一個更加幽靜的修行地點，但從那時起，我們已無法和彼此分開了！

步入全新世界，學會改變觀點！

這次的邂逅讓我受益匪淺。首先，我學會真正接觸另一種生物的世界：有四個腳掌、大嘴，以及沉默的「另一種」生物。埃菲斯圖爾王子接近了我，這讓我備感榮幸，我覺得就禮貌而言，自己應該努力理解牠的交流方式，以及牠的思維運行模式。在小心翼翼進入到另一個世界時，比起殖民者的精神，更激勵我的是接近二十世紀人類學家的想法。我帶著小心和好奇去接近它們，只是想學習而非獲取，想理解而非強求。現在，能夠在寺院旁的牧場裡體驗這一切，真的非常令人開心！

埃菲斯圖爾不說話。牠是一匹馬，牠喉嚨的位置排除了所有的發音咬字能力。但確切地說，牠會通過牠的身體動作進行溝通。牠的牧場夥伴們瞬間就能明瞭牠的意思，但在接觸之初，牠傳達的訊息對我而言是混亂不明的。比如，我們頭幾次相遇的時候，我以為牠用頭反覆摩擦是一種愛撫。我非常開心可以接近牠，並馬上就收到牠表達好感的訊號——顯然，埃菲斯圖爾是喜歡我的。至少，這是我以人類這種動物的觀點分析的結果。但是當我得知真相後，才知道這一切並沒有那麼浪漫！在和尤特．威蘭德（馬匹的主人以及馬兒行為專家）熱烈討論後，我才知道馬兒的這種動作其實是要傳達牠凌駕於另一方，並且至高無上的訊號：埃菲斯圖爾之名絕對當之無愧！因此我不得不學會堅定拒絕牠表示權威的訊號，哪怕是一個小小的表示我都不接受。

但說實話，這條路很漫長。我很想和牠建立起信任的關係，我們可以彼此愛撫，有默契，並溫柔以對。「面對牠時一定要樹立我自己的威信」，這樣的想法讓我感到毛骨悚然。直到有一日，我才恍然大悟了好幾件事（沒有透過語言）：如果我不成為首領，埃菲斯圖爾就一定會成為首領。馬匹之間並無平等關係可言，牠們沒有公投，沒有工會，沒有集體治療！在馬群的世界裡有一個首領，就這麼簡單，並且由首領保證馬群的安全。因此，我不得不放棄和牠建立橫向關係的想法（樹立自己的威信），同時我必須重新審視我對權力的觀念（變成首領＝承擔巨大責任）。這將是個龐大的計劃……以及完全顛覆的相處模式！

在馬群中，成為首領與顯示強權毫無關聯，首領其實是需要效勞於馬群的。當然，作為首領的馬可以走在馬群的最前面，第一個進食並在馬群中樹立威信，獲得尊重，然而牠也為此付出了巨大的代價：牠要為保護馬群而一直保持警惕狀態。在多次摸索後，我成功地對埃菲斯圖爾樹立起了我的威信。但是作為交換，我需要在任何情況下（甚至是在馬群牙醫現身之際，你知道的，牙醫的工具足以讓一個美國大兵戰慄！）都讓牠有信任感，並可以放鬆警惕。當我們之間的關係明朗化的時候，我們一起抬起腦袋，朝前方伸出耳朵，小跑著奔赴森林，還會高興地噴出鼻息。

這次的經歷讓我學會了兩件事情：一是承擔權力，二是用它效勞群體，有人告訴我，這是一次最能鍛鍊人的經歷。

如此一來，學習、研究對方的特質，可以使我們重新質疑自己的諸多思維模式，儘管這些思維模式似乎已先入為主，固如石刻。學習、研究對方的特質也可以使一個人開放心境，敢於改變想法。在遇見埃菲斯圖爾之前，我算是深入研究人際關係的專家。我喜歡看著人類這種動物，並在幾分鐘內，無論是否透過語言，去了解他們的個性。我研究的表格裡充斥著弗洛伊德心理學、行為意識學和邏輯推理——這裡有難以計數的詮釋，以及未被證實過的投射，這是一種被認為應該要描寫世界，並給予世界邏輯的主觀經驗主義。也許主觀經驗主義能使人安心，但也一定會使人產生錯覺。

內在態度：靜默與專心

那麼要如何實踐呢？怎樣能做到不帶任何主觀投射地觀察一匹馬、一個人、一群人？我認為，一切源自一種靜默和專心兼具的內在態度。

就這樣，和埃菲斯圖爾待著，我學會了簡化事物，學會了只看事實，還學會了高度全神貫注。

你可能好奇我是怎麼學會的，我只需要說個例子你就會恍然大悟。上星期，我打開了牧場的柵欄，想和埃菲斯圖爾一起出去。牠的脖子上拴著韁繩，一般來說，牠會急著自己出去探索世界。但這一次，埃菲斯圖爾卻斷然拒絕出門。牠傲然站立著，顯得平靜而果斷。我原本可以想當然地將牠的行為理解為：牠腳痛、牠耍任性、牠想要考驗我……，很難知道真正原因。我原本也可以把這齣「戲」當作權力遊戲的較量。但是我很快就覺察到，我只是應該放棄帶牠出門，僅此而已。只需要看看馬兒的體態，就能知道牠強烈地說著「不要出門！」而我的身體也接收到了「不要出門！」的訊號，這個訊號好像從頭到腳在我全身引起共鳴。要具備聽到這個訊號的本領，需要我們的身體全神貫注於馬兒，而不是關注腦海中對場景做出的各種解釋。某種程度上，這種全神貫注的態度使我們能「單純地接收到資訊」（此處的資訊便是：牠真的不願意出去）。

當天稍晚的時候，我得知原來是幾分鐘前有一匹種馬突然闖入，且步步逼近埃菲斯圖爾負責的母馬群，因此牠當然不可能為了森林裡的舒適散步，棄牠的美人們於不顧。當然，我原本也可以再三堅持，強迫牠出去，那麼牠就會違心地跟著我，我也就在較量中贏得一局。可是那天我選擇了聆聽，聆聽安靜的語言和身體語言。這一次並非為了爭得首領之席。我接收到了埃菲斯圖爾的訊號，並完全接納，於是我們之間有了絕妙的默契。

透過兩種態度的訓練，能有助於你掌握局勢：

●內在靜默

此時，我們需要的是不再關注那些慣常的思維，或是那些一直影響著我們的邏輯推理。

就拿埃菲斯圖爾的情況來說，我腦海中曾閃現過這樣的合理思維：「不，小傢伙！我是首領，你要前進！」考慮到之前提到的動物行為學裡的馬群規則（成為首領——統治——旨在安定馬群），我本應聽進這樣的訊息並且付諸實施。但是，當時的局面和馬兒的態度卻表明，馬群規則在此時並不適用。因此我放棄了自己的想法，對慣常思維視而不見，只信任當時的場景和身體的感覺。也就是說，我選擇了信任代表自然界的埃菲斯圖爾，而非追隨所謂的理性思考。做出選擇的那一刻，世界安靜了，充滿了經常在萬物和諧時湧現的巨大平和氛圍。

●專注

馬群有可能會以迅雷不及掩耳之勢讓人目瞪口呆。在接觸牠們時，最好真的集中注意力，以便感受節奏或意願的細微改變。把眼睛、耳朵、與身體都朝向牠們，但仍舊做好接納外在環境的身心準備。每分每秒都是美好的挑戰！

比如，我喜歡身處牧場的馬群中，感受牠們的顫動、呼吸和精力。每一匹馬都不同，但牠們隨時都在互動。有時，這些馬兒會奮力踢腿，向前疾速奔馳，從牧場的一頭跑到另一頭，力量十足，精力旺盛！此時，更需要全神貫注於馬群。它讓我們可以理解馬兒，可以進入牠們的世界，甚至可以預測牠們的行為。與馬群的接觸過程中，過去、將來已不復存在，只有由靜默與專注創造的無垠時間。

更進一步：忘記既定道路

然而，如何才能長久保持高度專注的狀態呢？置身馬群中，專注是絕對必要的，這就如同你和野生動物接觸時的狀態。如果不集中注意力，體重約四百公斤的埃菲斯圖爾可能隨時會踩到我的腳。因為，我得承認，我這位高貴尊爵的王子並不總是……細膩！

所以，要如何在任何一種情況下培養並獲得高度集中的注意力呢？祕訣似乎就在於——忘記自己。這也可以更加延伸——忘記他人的目光，忘記需要達成的結果，忘記相同場景下曾發生過的一切……你只需專注於行為本身，專注於觀察，專注於要完成的任務。若有一絲絲走神，千萬別浪費任何一秒哀嘆，但是請你立刻回頭，專注於完成眼下的事情！哪怕這些事只是照顧馬兒、打一份報告或者洗碗而已，你要感受到身體的存在：當下的體態、熱水下的雙手、電腦前椅子上的坐姿等等。感官世界的門就此打開了……這是最令我們開心的事（參見第五章〈身體的靜默〉）！

拉拉貓與當下那一刻

但我還沒說完關於動物世界的事……我從中汲取的靈感完全可以寫一本書了！千真萬確，還有什麼比觀察貓咪清理自己更精彩的呢？每天早上醒來時，我都要餵養兩團與我分享生活的小黑毛球——拉拉和尤達大師（牠的智慧完全不遜於《星際大戰》中的原型人物）。早餐才剛剛享用完畢，兩隻貓咪就會一絲不苟地舔自己，從爪子到腦袋，牠們有嚴謹的梳洗順序，動作柔軟到足以讓最厲害的瑜伽士忌妒。前爪、後爪、肚子、側邊、臉……，牠們認認真真地完成每個部位的梳洗。因此，我養成了在清晨時分早起的習慣，好一邊喝咖啡，一邊觀察牠們這一整套的清潔動作。

我坐在牠們身旁，好像在欣賞一段原始舞蹈：緩慢、野性，舞蹈動作彷彿從遠古流傳而來。牠們所有的注意力都集中於眼前的動作，雖然有時會停止片刻，因為某個聲音吸引了牠們的注意，但是很快，牠們又埋頭於未完成的事情中。牠們的動作有一種神祇般高雅尊貴的平靜。萬物皆在於此。就這樣，天一亮，「咖啡劇場」的每個瞬間都在傳遞一條訊息：「要全神貫注！以同樣強烈的專注力承擔你的任務！」對此，哪怕是修行最高的禪宗大師也無法否認。

「強烈」，這大概是定義貓在梳洗時表現出的專注態度的理想詞語。然而這並不是牠們小小印象派調色板上的唯一色調。有時，漫不經心替貓咪的生活營造了另一種氛圍。牠們無精打采地走動，偶爾會被幾個伸展動作或抓牆的行為打斷。這是應該慢慢來的時刻。我的黑色小母貓拉拉，長著一雙碧綠的眼睛，牠是這方面的專家。讓人更印象深刻的是，牠可以在下一秒鐘，因為看見一道黑影而毛髮豎立地從床上跳起。但現在，晚上睡覺前，牠正在輕拍墊子，身體如波浪扭動，然後長長地打了個哈欠。實在是太酷了！所以，休息時間到了。禪宗大師泰仙弟子丸（Taisen Deshimaru）也用自己的方式，在一幅書法作品中傳遞了一個清晰的訊息：「有的時候，休息利於身心。」他將幾個表意文字寫在紙上，而紙張的正中央是一隻體形巨大、呈半睡狀態的公貓！

有這些貓（或狗）陪伴的瞬間，一定會讓我們更加留意到自然，並從中學會接收專注、緩慢，以及尊重自身自然節奏的訊息。要做到這一點，不妨去森林或山上小住幾日，最有益身心。你會發現，時間發生變化，靜默出現了，事物的表面下有了全新的動靜。

倘若日子在眾人皆知的「地鐵─工作─睡覺」的節奏中無限循環，這是難以做到的。那麼，我們該怎麼辦呢？為何不更加留意我們身邊的貓、狗或馬兒呢？如果你沒有機會擁有一隻小巧（或高大）的寵物，為何不看看報導，讀讀動物行為學的書籍，研究研究你喜歡的動物的習性呢？我的書房裡有三十多本與「動物習性」相關的書籍，從蜜蜂講到狼，還說到了豬。相信我，你一定會沉迷其中！動物不僅讓你獲得知識，牠們更像擺渡者，指引我們回歸地球。在水泥城市裡，走進貓狗的野生世界或許是回歸自然的第一步：我們與自然的重逢是宿命，是必需。

一沙一世界，
一花一天堂，
掌中握無限，
剎那即永恆。

——威廉・布萊克（William Blake）[8]

8 威廉・布萊克（William Blake），《純真的預言》（*Auguries of innonce*）。

禪寺裡的安靜無聲

在埃皮納勒市[9]的版畫中，能絕妙闡釋「修院的靜默」的，可能是以下的畫面：修士們頭戴連衣風帽，頭前傾，在熙篤會修道院的走廊上步履緩慢地魚貫而行，帶來平靜而莊重的景象。從各個角度來說，埃皮納勒的版畫絕對讓人賞心悅目，也無疑是許多人的靈感來源。但我們的佛教修行因為向大眾開放，且有世俗的層面，因而展現了相當不同的面貌。首先，我們的寺院是男女混住的，裡面的建築樸實無華（毫無疑

9 譯註：Epinal，法國東北部城市，該地以版畫製作和圖片生產聞名。

問，這和天主宗教最初的修道院如出一轍），寺院對著裝風格不加限制，只有在休息日才會放慢節奏。

然而，某些清晨，我要更換寺院各個房間祭台上供奉的淨水，因此需要在黎明之前起床。在這些時刻，我會想起那些數個世紀以來在黑暗中修行的男女僧人，並被他們深深感動，直至今日，他們依然勤修不輟！清晨時分，夜的深沉還瀰漫在林間，我行走在寺院空無一人的小徑上，彷彿感受到在我之前踏上心靈探求之路的古老狂熱神祕主義者們，稍縱即逝地出現。這是光陰之外的奇蹟時刻。你能感覺到追求絕對真理的人們，用源源不斷的線，編織出一道由祈禱與神祕組成的隱形蕾絲花邊，直到今晨。

不過，倘若先前的恣意抒情讓你訝異不已，你也無須懼怕。剛剛開始修行的禪修者，雖然也得早起，卻可以只用世俗的方法來實踐自己的修行。也就是說，神祕主義的方式並非必要。但對我而言，神祕方法很快就成了我修行生活的養分，但是與我一起修行的男女僧人中，很多人卻用更貼近世俗的視角來對待修行，這同樣值得敬重。佛教修行就是如此，它最終能適應每一位擁抱它的眾生。歷史上，佛陀如是說：「做自己的指路明燈。」今天，我們如是說：「一切取決於你！」，或者「由你自己看著辦！」

什麼是禪宗禪修？

●學會冥想

首先，禪宗禪修可以讓我們探索稱之為「坐禪」的修行，這是冥想的基礎。正是因為這樣的修行方式，佛陀才得以開悟。他靜坐在枝繁葉茂的大樹下，尋覓到了庇護。這裡要順道提及一點女性主義的評註：根據故事所說，多虧了一位善良的女牧羊人。為這個可憐人拿來一碗米飯（或者當時流行的其他非基改雜糧），虛弱的佛陀才決定放棄先前顯然是因為不夠了解才選擇的嚴峻苦行，改為靜坐。幾千年後，全世界成千上萬的人們採納了坐禪，也就是靜坐冥想。這種方式甚至在上個世紀六零年代風行至歐美地區，冥想似乎重獲新生，平和但迅速地擴展到各個領域。

被無止無休的日常騷動所影響的人類需要靜默和簡單。現在，很多人都會在各地的道場報名參加冥想禪修。近五十年來，道場在各地興起（參看 P.214 此書末尾的〈了解更多〉部分），人們在這些地方找到了一種規律、寂靜的生活，並充滿關注他人、專注、以及無私奉獻的價值觀。

具體來說，如何冥想修行呢？一切始於將近六點的黎明時分。一位僧人在寺院各處飛快穿梭，一邊敲鐘：這是起床時刻！之後，修行者來到道場，也就是進行冥想的大廳。每日的時程安排都很明確，也都是必需遵守的。也因此，修行者無須思考是否要如此早起這件事。清晨的冥想是必須參加的。在清晨明暗交替的光線裡，冥想開始了。這是一個神奇的時刻。此時夜色退去，天色漸亮，風景依次躍於眼前。前一天晚上，禪修初學者抵達之後，已經得到負責「啟蒙」的男僧人或女僧人細心提點，這是進入禪宗世界的第一步！白天，寺院大鐘（幾近八百公斤）的鐘聲每隔兩分鐘就會響起，幫助修行者重新集中注意力。注意力的確是修行的關鍵所在：一當思想逃回昨夜的夢裡或抽離當下，一當我們不再知道自己身處何方並喪失身體意識時，大鐘深邃低沈的共鳴四處迴盪，彷彿在召喚提醒。一切就發生在此時此地，在天空漸白，天氣漸熱的清晨。

●回到當下，皆因靜默

禪修中的每一日都如出一轍。一切都按時間表來完成，這是為了讓修行者能回歸自身和當下。比如，用餐時也需要安靜。這很少見，因此值得再三強調。雖然沒有朋友宴會上的熱絡，但共餐者卻能學著品嚐食物，細細品味。食材是有機的素食，我們在用餐前輕聲吟唱，以感恩一切讓美食來到餐桌上的條件。我們因此不加區別地提起太陽、雨水、廚師和栽種蔬菜的人：這是一道充滿多種元素、漫長不間斷的循環鏈，它促成了我們的寺院盛宴。這一刻我們也會想起很多食不果腹的人，並發願極盡可能地將這份餐食轉化成能量。這是一個宏大的目標！

禪修的日子裡，靜默尤為重要。有些禪修需要全程安靜，但大部分的修行只是提供了多少有些冗長的靜音時段。冥想、用餐、為了團體所做的工作皆要安靜完成。這些時段也會和其他交流時段交替進行，不過閒聊時段常常轉瞬即逝。兩種時段的交替，使修行時的節奏變得和諧，也使剛開始修行的人可以更快進入禪修狀態。

剛開始修行時，談論自身經驗的確是件令人愉快的事情。因為在禪修過程裡，參與者需要高度投入：各種活動接踵而至，冥想有時很困難，而屬於自己的時間相當有限。所以這些能「發聲」的窗口有點像減壓室，使修行者重獲精力，好超越自身極限。從某種程度上來說，這就是佛陀珍視的「中道」！

更有經驗的修行者也會每年完成好幾次完全靜音的禪修。我得承認自己很喜歡這些平靜的日子。根據西藏能量學，完全的無言靜音具有

「清潔微細脈」的功效。未能說出的話語和想法，就這樣簡單徹底地消失了，淨化程序也因此啟動。靜音幾日後，我們就能輕而易舉地觀察到洗滌後的內在：萬物簡化，山脈成了泥團，暴風雨化為春天的微風。這一切全仰仗靜音。它使我們真正地與事物共處，進行直接接觸，不必經由心智過濾。禪修過程中，靜音將讓我們感覺到大鐘的共鳴穿越了身體；我們將會生平第一次看到雪地裡跳躍的鳥兒有多麼輕盈優雅；我們將聽到振翅飛翔的蒼蠅，並騎在牠的背上隨牠去旅行！

●學會感動

禪修三天（這是「攝心」，也就是禪宗禪修的常見規格）後，大多數人都有了更明亮的視野，他們說看待問題有了新的視角，佛教將其稱之為「內觀」。這是一趟精彩紛呈的旅程！在這幾天中，修行活動（如靜坐、進食、感恩、切菜、睡覺等）雖頗為簡單，然而世間輪廓卻漸漸明朗，越發可見其清晰紋路和明亮光線。無法確定世界是否發生了變化，但是修行者又恢復了可見、可感動的能力。他們的氣色便可作證。

有的人來時帶著黑眼圈，身體麻木，而禪修後的合照裡，總能看見他們容光煥發的臉龐、熠熠生輝的眼睛，以及如釋重負的神情。

但是，我們得承認，攝心修行異常艱巨！這不僅因為修行者的身體長時間保持不動，也因為各種湧上他們內心的情緒。平靜帶來的快樂只會出現在穿越陰暗、克服困難之後。禪修常常就像「英雄之旅」。每一位修行者都要經受考驗（如膝蓋疼痛、憤怒蔓延、喪失耐心等），要使出渾身解數投入戰鬥、擊敗巨龍，救出受困的公主或王子，最終從容地摘下騎士桂冠。

我在寫下這段話的時候，正身處史特拉斯堡一家暖意融融、很受歡迎的咖啡館裡，周邊人們的交談一不小心就會傳到我耳邊。幾公尺外，一個小家庭坐在一起品嚐火焰薄餅（加了蒙斯特乾酪，在亞爾薩斯必點！）。小家庭的成員為外公、母親和一個十來歲的兒子。外公用女兒的手機打電話給另一個孩子，他說道：「我們很想你。我們正在吃火焰薄餅，但我們非常非常想念你。下雪了，你有雪胎嗎？」這通電話讓我激動又驚嘆。人類的感動能力無窮無盡。禪修讓我們能與發自肺腑的溫情重新連結。

漫長甚而久遠的禪修

有的修行者自一九九九年這座寺院落成之後就一直住在這裡。於是他們與旁人不同！在修行生活星空般的庇蔭下，他們過了十八年的集體生活，這編織出人與人之間非常特殊的關係。在這樣的關係中，靜默就如同珠寶盒一樣重要珍貴。

●流逝光陰裡的平和

當我們注定要與其他僧侶分享每日生活時，每天從早到晚都會遇到神情愉悅或神情憔悴的僧侶們，因此最好學習一下外交。其中，學會保持安靜是最重要的。也許修行一開始，我們會對「集體生活」抱有幼稚的熱情，於是想拼命地告訴別人一切、試圖去改變另一個人，甚至想方設法使自己對事物的觀點獲得認可。在集體剛剛產生、還在摸索的時候，我們一直說話、交流、發牢騷，還會不斷相互頂撞，直到滿意為止。有時我們甚至會賭氣幾天，反反覆覆回想自己所受的委屈，但其實這根本不值一提。為了不浪費時間，在面對這些不滿時，理性——如果它在那一刻有幸得以發揮的話——應該會不屑地忽視。

經年以後，經驗告訴我們，「有意義」的衝突其實寥寥無幾，而且我們的諸多抱怨太過微不足道。因此，男女僧人心照不宣地靜默以對，和諧相處。當然，寺院每週也會舉行會議，以解答相互爭執的某些問題，像是對於購買新盤子（確實如此！）或變更勤務模式交換意見。有時會有小小爭吵——通常都是在疲累的狀態下——但都會即刻平息，而且很快就被忘記。平日，每個人都極盡所能地保持靜默：他們對批評他人、個人煩惱、體力下降等諸如此類的事情一概保持沉默。而寺院的整體氛圍，以及每週數量眾多的禪修初學者，也使這種靜音、帶有保留的模式持久延續下去。

如此行事，局勢便能更迅速緩解。可能的話，我們會讓衝突就此過去，就像在冥想時讓思緒和情緒就此過去一樣。歷史，也就是這麼多年共享的歲月，確實也告訴我們：在面對事物的無常及情況時，我們對自我具有平息的能力，可以有絕大的信心。我當然跟寺院裡大多數的男女僧眾有過「言語」上的齟齬。有那麼一刻，我們對於世界的看法有正面的衝突，卻沒有一方想要棄械投降。而這持續了……曇花一現的片刻。但每一次對於和解的渴望，或僅只是時間的流逝，就能讓和解成真。見證此事是最彌足珍貴的。學習與人共處的確是可行之事！

安靜的規則，雖然推薦遵守，卻非絕對。必要時，寺院裡也有許多言語交談的空間。有時候當負擔太重時，能夠「倒垃圾」也相當有用。舉例來說，在「獨參」（與住持單獨談話）時，便可以自由隨意地說話。所說的話語會像獲得解放般留在交談室中，而修行者能如釋重負地離開時，通常已經忘了將他們帶來這裡的煩惱。

●親密的靜默

居住在寺院裡的人沒有年齡和社會地位限制。各式各樣的人邂逅於此，他們在外頭可能絕對不會相遇。比如在龍門寺裡，這幾天有薩克斯風老師、環遊過世界的旅人、祕書、護士、助教、念心理學的學生、電視女演員、念資工的學生、數學研究員、軟體研發員、「毒品資訊服務」熱線諮詢人員、企業老闆、農產食品加工機器推銷員、電影旁白配音師……等，這些人出現。

這真是一座奇妙的巴別塔啊！但在這裡，人與人的相遇並非透過那些標籤（社會角色），而是在精神價值觀和冥想上。有的人會在見面時相互簡短介紹自己的經歷，但我們卻是透過日常舉止來學著認識對方。在語言之外，透過他的行為和態度來認識他。因此，我們彼此之間培養出最能相互尊重的真實親密性。而只要一點點的注意力，我們便能漸漸學會了解並尊重自己的侷限和弱點。於是，人們能安靜、善意地接受彼此，而真正的團隊士氣、精神的共同體也得以出現。

2

讓一切靜默

03

讓視線保持安靜

當我們的目光被俘虜時——視覺污染和螢幕的支配

城市中的眼睛

幾年前，我在史特拉斯堡租了一處小小的臨時住所，以便在寺院和城市生活間游走。三天市區，四天鄉下，這是一種理想的生活方式，不必非要讓自己在城市老鼠和田野老鼠之間做出選擇！這樣的時光持續了五年，我深深體會到游走於兩個地方生活的種種艱難，我的時間好像在填滿和清空旅行袋的過程裡消失殆盡，但這又是另外的故事了……。

史特拉斯堡被暱稱為「首都之城」。我住在當地一個小小的學生街區，距離赫赫有名的史特拉斯堡大教堂不過幾步之遙，旁邊一條迂迴曲折的河流緩緩穿過城市中心。年代久遠的建築物、從清晨第一縷陽光開始照耀便有大學生駐足的河堤、駁船酒吧……這一切讓街區增添了些許令人喜愛的波西米亞風情。

但也就是在這個地方，我注意到一件人們習以為常的事情，它是如此自然而然，以至於我們甚至會忘記它的存在，那就是視覺污染！

走出家門，無論我向左或向右走，目光都會不可避免地被商店、廣告看板、日日夜夜亮著燈光的招牌等各種事物吸引。它們從各個方向不斷向我們的潛意識發送訊息，這些訊息不外乎是「消費我們……」，「購買我們……」，「帶走我們！」我感覺自己好像置身於《叢林奇譚》（*The*

Jungle Book）中的場景，被蟒蛇卡阿左右著，或者更可以說是有成千上萬條瞪著眼珠的蛇試圖將我催眠。你很容易就能想像——在這樣的環境裡，要在當下全神貫注是件極其困難的事。

因為，除了「這些消費將會是幸福來源」這過分簡單的前提外，大量的廣告商品讓我不斷地遠離自己，身處「自己之外」。每一個招牌都是一道視覺刺激，要求我的大腦進行評估：「是的、不、稍晚一些、為什麼不呢？」大腦對每個廣告（內衣、手機、提神飲料等）都要做出相同的瞬間處理，我的大腦必須在一瞬之間決定如何處理這項資訊。它會不會質疑現在還不到換手機的時候呢？或是評估老手機的狀態和效能？或是考慮不同的費率？諸如此類的問題都需要它做出反應。而這一切在大多數時間裡，都是在人們毫無覺察的情況下發生的。

具體而言，我注意到自己並非從容地穿越城市、慢慢體會時間的味道，我只是機械式的前進，無形中被一條條閃閃發光的無形絲線牽著走，每一條絲線都連結到廣告看板和商店櫥窗。這種消費主義催眠的正面效果永遠都一樣，就是現實生活中的一種消遣。消費者因此能在夢想和想像中逃避，小心翼翼地避開可能需要面對的各種情緒困擾（參看P.47第一章中的「缺乏感」）。但它也有負面效果，某些精神導師就堅定地將這種效果形容為悲劇——原因如下：我瞪大的雙眼指揮著我的腳步前行，然後我變成了——機器人！

螢幕的挑戰

但負面效果不僅如此！

（提醒讀者：我因為生性樂觀，所以沒有列舉各種負面效果，或是以災變論的模式一一指出各種不良與失調的習慣。但這一次我卻認為，如果能具體指出這些實際狀況，或許大家能更了解我們面臨的挑戰；而既然有挑戰，就需要應戰。在提出了問題的診斷之後，你就會在這一頁及後面幾頁，找到脫離這種「集體催眠」的有效良方。題外話結束！）

因此，負面效果不僅如此！無論身處家中還是戶外，置身城市還是鄉野，我們都被一張無形的網俘虜了，這張網裡充斥著各種螢幕。而矛盾的是，網裡的我們既是蒼蠅又是蜘蛛。我們自己織了一張網，心甘情願地淪為囚犯。或是就算我們並未親自織網，卻也開心地貢獻了經費。這番言論並非想要支持或反對網際網路、智慧型手機、平板電腦和其他數位產品。因為我正用連接了網路的筆記型電腦撰寫此書。我不是一個虛偽的人，不會倡導要人們回歸石器時代，不再使用這些位元物件。相反的，我們的性靈與哲學之道指出應朝務實之路走去：學會面對局勢，不去逃避，也就是說，該學會如何適應眼前的現實？

我們首先要問你一個問題：一整天當中，當人們自動地從一個螢幕過渡到另一個螢幕，從平板電腦到電視，中途還使用了電話時，這中間會發生什麼？

會發生許多不同的事。

比如，我們會忘記自己身處何方。我們會「弄丟」自己的身體或失去擁有身體的感覺。我們被套進了一個虛擬的世界，而這個世界不僅遠遠不能滿足我們，反而常常加劇我們的缺乏感和情感的脆弱。透過我們睜大了的雙眼，世界中的恐怖毫無過濾地進入我們體內。幾隻可愛的小貓與小豬寶寶成為朋友的畫面，完全不足以抵銷阿勒坡（Alep）[10]轟炸下孩子臉上沾滿鮮血的畫面。

就這樣，無處不在的螢幕，在很多人的內心引起了一股躁動，也可以說是一種壓力。訊息從郵件、推特、Instagram、Facebook或Snapchat等應用程式裡源源不斷地湧現。為了維持網路如人造蟬繭一般的封閉特性，維持隸屬於某一群體的歸屬感，或成為特殊人物的幻象，這些訊息程式都要求近乎即時的回覆。此外，從一般人腦部運行的角度來看，一條未處理過的消息仍處於「懸置」狀態，就像處在一列永無止境的排隊人龍中一樣。

此時列舉一個具體例子稍加說明是最好的。我正在撰寫此書，這

10 敘利亞北部城市，阿勒坡省的省會。

時，電子信箱欄閃爍紅色，提醒我新郵件的到來。我幾乎是在無意識的狀態下打開了郵件，一封緊急郵件跳出，需要我提供一張夏天禪修修行的照片，並將照片盡快寄給國際禪宗協會（此事千真萬確）。我重新提筆（如果可以這樣說的話），腦海中卻有一部分想著這個要在一兩天內，最好是今天就必須完成的任務。在經歷十個類似的插曲，看了二十個「超級有趣應該要設為最愛以便日後觀看」的影片，收到三十條超緊急的關於冥想的詢問後，我的大腦飽和了！你有過這樣的經歷嗎？

這些小插曲的相同之處在於，它們讓我們遠離自己。大大小小的螢幕有著無比的誘惑力，它們就像許許多多大容量、功率五千瓦特的意識吸塵器，能夠吸引身經百戰的禪宗大師的注意力。它們無比強大！不過，就此定論還言之過早……

控制視線──為何要這麼做？以及如何做？

寫下這段話的時候，我愉快地注意到自己回歸了當下，這些反應在最近幾年被慢慢培養起來，並初見成效。它們的原理不過是極其簡單的生理原則，你隨時都可以獲得這樣的反應，而且最重要的是……無須破費！（免費這件事在當今社會非常罕見，值得強調！）

為何要控制視線？

光源污染與無處不在的螢幕，其相同之處在於，它們可以將我們拖向身外。它們抓住我們，悄悄地將這種人盡皆知，幾乎是永久存在的缺乏感或潛在的不滿足感，這種內在的騷動，深深植根於我們的生活中。心理狀態向外界拼命尋找能治療內在不適的神奇良方，因而進入到「過度活躍」或「緊張」的模式裡。

幸好，我們可以在幾分鐘內緩解心理的閃光儀。事實上，就是眼睛接收了各種發光體的召喚。因此，學會讓眼睛休息，學會控制視線，以便重新掌握自我，是最有益身心的。

如何在城市中控制視線？

你可以用各種方法穿梭城市。我在此向你推薦一種方式，它類似於行走時的冥想，且能符合你習慣的節奏。這種方式的重點在於讓雙眼休息，好重新掌控你的心理狀態。幾分鐘後，你便會受益於行走的好處，沒有了商業的催眠陪伴，你的心神顯然會愈發平和。

你可以隨處練習這種方法，因為你並不缺乏在城市裡散步的機會（比如去上班、去學校、去採購，或在和朋友相約在咖啡館見面的路上）。但你一定要盡可能地經常練習它，以養成新行為的習慣，而這種做法會讓你重新連結到現實。該怎麼做呢？

①首先，在走出家門的時候，你就要想著這個方法。比如，要記得

你做這件事將會獲得無盡好處。又或者僅僅只需要對自己堅決地說：「不！我不是機器人！」這就能讓你有足夠的動力了，不是嗎？

②接著，行走的時候要讓眼睛放鬆，意思就是，你要有意識地控制視線的方向。在目光停留之際，你要準確無誤地知道自己該看向何方。你得刻意避開某個表演、海報、櫥窗、人物等視覺的干擾。

③這個方法曾在眾多修行傳統裡被提及，人們將其命名為「專注」。當然，它需要你時時鍛鍊。

④你在路上要定期做五分鐘的控制視線訓練。留心那些注意力逃跑的時刻，和別處吸引你目光的事物。能意識到是什麼東西「捕獲」了你的目光，是相當有利的！這是一種拋開各種評價，讓你得以認識自我的絕妙方法。

⑤開始的時候，這種訓練對你來說可能有些困難，尤其是你和之前其他的城市冥想者一樣，注意到心神竟然能如此迅速逃逸的時候。但請

放心，此乃人之常情！你很快就可以透過一步步的練習，學習到集中注意力的方法。

⑥為了能有效幫助你，我們建議你在一開始的時候盡量往下看，以便緩解雙目的疲勞。但下面的事物似乎不是那麼有趣……除非你能在菸蒂中找到詩歌，或在水窪裡尋找圖畫。但正常來說，看向自己身前幾公尺的地面，可以讓你避免各種視覺誘惑，並輕而易舉地聚焦於自身。

緩解視覺疲勞——雙目的休憩

身體與精神的關聯

心理和生理之間的關聯無需再多說。身體和心理是相互影響的，你稍後就能實際試驗。這個真相似乎無足輕重，但對於追尋個人發展，或是最高境界的修行等各種知識來說至關重要。這一點可以從印度瑜伽士或日本修驗道修行者那裡得到驗證，他們透過身體修行，加深了對真實的直觀認識。有的人觀想出一把火，因而能夠憑藉不受干擾的注意力光腳於雪地裡行走，有的人則在冷冽的瀑布下修行，培養常人所無法企及的精神力量。

佛教界也流傳著一個可以證明思維能夠影響身體的小故事，當然，它也告訴我們要謹慎地使用思維。在英國，有個男人為了清洗冷藏車而進入車內。門一不小心關上了，貨車也出發進行歐洲長途之旅，而男人就困在裡頭。當貨車司機在塞維亞（Seville）打開貨櫃車門時，發現了男人僵硬的屍體，他凍死了。但是——也正是這個故事的教訓：其實冷凍系統是故障的！

身體影響心靈，同樣也會左右心靈的狀態。因此，透過控制身體，可以迅速改變人當下的情緒。

接下來是一個重要的資訊，下面這個與雙目有關的練習，遠遠沒有表面看來那麼簡單。這個練習是最基本、最重要的。未來的五十年（我們要樂觀）裡你可以一直實踐它，而且你會在每一次實踐完畢後察覺到其他事物的存在。它需要你完全放鬆。它可以讓你即時審視自己當時的內在狀態。它被載入古老的修行祕笈中。它傳承了人們幾千年的智慧，並打開了人的另一種知覺大門，而詩人們從容地為之美言過。

小心！這首詩會打開你心靈深處的溫柔缺口，一道令你深受震撼的缺口。深呼吸……準備好了嗎？

每個白晝
都要落進黑沉沉的夜，
像有那麼一口井
鎖住了光明。
必須坐在
黑洞洞的井口
要很有耐心

打撈落下去的光明。

——巴勃羅．聶魯達（Pablo Neruda），《如果白晝落進……》，1960[11]

你準備好推開神祕花園之門了嗎？它就近在咫尺……

訓練雙目休憩

①平靜地坐著，比如在關機的電腦前。坐姿筆直，保持旺盛的精力與動力，你得拿出投身於發現新世界探險家一樣的架勢。不要忘記雙腳踩在地上，以保持你和大地的接觸，並能幫助你培養身體的存在感。

②目光朝對角線方向，向下望向你身前幾公尺的地面。

③逐漸放鬆眼部肌肉，眼瞼、眼周、眼尾。開始時你一定會感覺到巨大的眼壓，這與我們現代世界頻繁的心理活動脫不了關係。但無關緊要，開始時這是完全正常的，你知道這一點就可以了。而這也是過渡到

[11] 陳光孚譯。

其他事物的必經階段。

④幾分鐘後，雙目放鬆了。你的面部肌肉和整張臉龐都隨之鬆弛下來。你採取了中立的內在態度，無須表達，也無須特殊的意願。

「掌控」這種現象

眼睛與我們稱之為「掌控」，或想得到某物的意願有關。這是我們生活中隱隱存在的能量。

舉例來說，當我們終於放假的時候，我們便可以觀察到這種「掌控」的力量！在工作數週來為自己支付美好假期的費用後，我們在連做夢都想像自己幸福躺在的細沙沙灘上，面朝碧綠海水，背對溫暖太陽的那一刻後，我們真的實現這個夢想了！我們坐在毛巾上，面朝蔚藍大海。然而幸福轉瞬即逝。才剛剛享受完這個美好時刻，我們的大腦就躁動起來，因為它注意到了其他事情：天氣太炎熱、沙粒刺痛了皮膚、口乾舌燥、需要照幾張像片發到Instagram上、忘記戴墨鏡了、想要潛水卻害怕鯊魚……，一股持續的不滿足感、不適感、缺乏感，在每個人身上自然而然地出現（參看第一章）！

於是，人們開始啟動「掌控」，用佔有、運動、改變的意願，來緩解這種不適感。我們改變了姿勢、點了杯雞尾酒、在海灘巾上翻來覆去、衝進水裡、左右看看沙灘上其他成員們的狀態，藉此自娛自樂一下……。在這一系列過程中，眼睛的作用至關重要。每一次我們觀察身外之物時，眼睛的肌肉都發生了收縮。這就是壓力，非常輕微，卻很真實，因為眼睛要在身外的世界尋找治療內在不適的方法。

所以說到底，只要讓眼睛休息，就能緩解內在壓力！這個練習簡單到我都不敢向你推薦，因為我擔心你的反應會讓我不安。「你是瞧不起我嗎？讓我的雙眼休息一下，我所有的問題就會迎刃而解嗎？！」然而，意識到這個事實確實能產生這種效果，它能讓你大大地改變觀點！請平心靜氣一下，然後試試看！

簡單的益處

十多年前，我在日本做過一次禪修修行，當時深受簡約藝術的感動，尤其驚訝於它為人們帶來的良好狀態。我在名古屋的一所寺院裡，生活條件頗為艱苦（沒有暖氣，每層樓只供應冷水，而且人滿為患）。還有那些小比丘尼，雖然有禪的平靜，卻很懂得挑戰我的底線。我從早到晚都有工作，在走道上東奔西跑，卻不一定每次都明白發生了什麼，只是注意著千萬不要打擾別人。我臉上貼著西方人的標籤，他們當初帶著很大的保留接受了這點，因為修行課程主要是用日文講解的，但寺院的魔力和散發的深厚智慧，抹去了所有考驗。

某日下午，一位比丘尼將我帶到一間私人品茶室，這是德高望重的八十歲寺廟住持——青山法師用來接待貴賓的品茶室。我需要仔細除去房間的灰塵，注意每一個動作，用抹布擦拭時要像擦拭最珍貴的寶石一樣小心翼翼。幾分鐘後，我的目光有一瞬間離開了被我擦得發亮的桌子，突然迎面撞見一個長一．八公尺、寬〇．六公尺的凹室，這是房間一面牆裡的壁龕。除了一尊小小的聖觀音像外，裡面空空蕩蕩。觀音像呈臥姿，相當細緻優雅，並向天空微微伸展。儘管佛像很小，但是觀音卻似乎向各個方向射出柔和的光線。品茶室的裝飾異常樸素，只有壁龕和這尊小巧的佛像，而佛像的小巧又襯托出壁龕的大器。我覺得自己好像上了一堂祕密的課程，教誨的內容有時會向能感受它的人展現，那就是：空無空間中的祥和之美。

日本藝術幾個世紀以來，都建立在這種受到禪宗啟發的極簡觀念上。秉持著裝飾和環境會對心理狀態產生立即影響的原則，我們何不從中借鑒，以平息我們的視覺空間呢？整理、清空、扔掉多餘的東西。或者，何不捐獻、賣掉或贈予我們不再需要的東西呢？讓我們的雙目享受空無的奢華！這是我們自願尋求的空無，這種空無是智慧和安靜的同義詞。在空無中，開放空間能夠再次無盡延伸，而我們也在其中展翅翱翔。

我的頭腦裡有什麼？與腦袋裡的影像邂逅——學會放棄

在我冥想修行之初，人們傳授了我許多關於應該採取的姿勢、呼吸，以及思考等的不同事情。談到如何思考的話題，最常聽到的句子就是，「讓你的思緒像天空的浮雲一般流逝。」我總因這句話而感到困惑。首先，在我剛開始修行的時候，思緒並非溫柔的小綿羊，它們更像暴風雨前的大團密雲，常常讓我不知所措。更何況，我抓不住兩個關鍵點：何謂思想？最重要的是，我該如何應對，以便讓思緒之雲「流逝」？

在好幾小時的修行期間，我常會突然發現自己的內心其實偷偷在抱怨，但是我的導師卻帶著深知自己在說什麼的信心表示：「思緒出現之際，無須介入，任其經過……」我內心有個小小的叛逆聲音響起：「好的，我知道！但要怎麼做呢？」總而言之，在快要精神分裂，或者更慘，在變成職業抱怨者之前，我透過神經科學及其最近關於意識模式的研究，也透過如催眠等意識狀態改變的不同角度，開始認真研究這個問題。在方舟學院（巴黎）參與催眠療法培訓期間，我發現了一種單純的「思想」劃分模式，因而得以順利完成任務。

●「安靜，我們正在拍攝」：思緒的內容

不過，在與你面對面的這一天，我是不會說出自己詳細的思想內容的！一來是因為孩子們還沒上床睡覺，再者是因為還有很多比這更有趣的事物需要講述。比如，思想的結構或形狀。在佛教裡，我們也將其稱為「心念」，也就是將思維描述為物件，描述為我們可以稍微保持距離來研究的事物。將思維物化能使觀察變得更容易。若要運用專業術語，並在晚宴或企業的冥想研討會中稍微引人注目，我們則將其稱為「後設認知」。而佛教的做法又更深入透徹一些，開啟了「沒有思考者之思想」這種神祕的假設，最近關於大腦的研究報告指出，這個假設很有可能成立。然而對於至關重要的問題：「意識從何而來？」這些研究卻語帶保留地回答「不知道」。

那麼說到底，我們所謂的「思想」到底是什麼？或者換句話說，「我的頭腦裡有什麼？」概括來說，思想可以通過三種形式表現出來：影像、聲音或身體的感覺。

在這個與眼睛和靜默有關的章節裡，最吸引我們注意的是影像。當我們在思考或放任心思流浪的時候，通常是視覺表象在運作：它如同一部在體內開啟自動放映模式的小型電影，擁有了最多樣化的主題，和常常看起來像是吸了毒品一樣的導演——的確，我們可以從一個畫面過渡到另一個畫面，但從表面上看來兩者並無關聯。

例如，我們從思考購物清單開始（想像產品、清單，或者我們平常會去的有機商店走道的畫面），然後立即轉換到下午的行程安排（想像許多不同地方或是行事曆某一頁的畫面），或是要開去檢驗的車子。這只是冰山一角，卻已經混亂無章。但實際上，假如我們更專注地觀察思想（比如冥想時），會發現一般而言，視覺思維很像某些片段、某些一閃而過的影像，比如閃光燈、背景的閃光、連續的影像、記憶等等。但值得注意的是，研究這些內容，可以讓每個人挖掘出創造性的寶庫，並可應用到眾多領域。首先，當然是視覺藝術，也可用在計劃執行、裝飾、廚藝等領域（列舉出這麼多來，只是想鼓勵你實踐一下）。

然而，思想也可能以聽覺內容的形式展現——我們會在下一章裡好好聊聊這個話題，它可以是我們聽到並瞬間反映在腦海裡的聲音，或者是我們內心對話的共鳴，也被稱為「頭腦中的小小聲音」。關於這一點我們可以滔滔不絕地聊下去，尤其是當像我一樣，內心對話總是隨意發揮，堪比自行車選手在阿爾卑—都埃（Alpe d'Huez）[12]的下坡路時。（我們稍後在第四章中會有所提及）。

最後，第三種「心念」，或者說，如同「蔚藍海岸上空浮雲」一樣飄過的想法可能展現出來的第三種形式是，身體的感覺與體會到的情緒（我們在第五章裡再來聊這個話題）。

12 編註：阿爾卑—都埃是法國東南部阿爾卑斯山區著名的滑雪場。夏季時，此段也是環法自行車賽中著名的山路賽段。

和頭腦玩點小遊戲

既然我們已經做出解釋，那麼該怎麼做，才能達到或培養內在的靜默呢？或者換句話說，如何做才能「關掉一下電視」？有很多可能的辦法，但這個過程的第一步在於你要意識到心念的內容。

●意識到自己的「內心電影」

幾千年來，形形色色的智者會保持靜默不動以自觀內心。從常態感受的漩渦中稍微抽離，並於寂靜處駐足，這似乎對於內省非常有幫助。也似乎合情合理，所以在通往智慧的道路上，我們最好還是仿效專家！因此，從尋覓一處安靜之地來觀察自己如何思考，一直到最後，無論何時何地都可以進行這種自我審視。我們強烈建議你在任何地方都體驗一下，以便能即時知道「上方」，也就是你的頭腦裡在想什麼。

需要提醒的是，靜音和保持身體不動的做法，曾被某些喜歡「散步」的哲學家強烈反駁過，如大名鼎鼎的海德格（Martin Heidegger）。

他發現行走是與思想合而為一的理想狀態（是否與心理影像有關？這至今仍是一個謎，當然我無意冒犯算命大師，只是我更青睞海德格精神世界裡的「內心對話」模式）。

一旦你找到了合適的地方，安穩不動坐定後，請閉上眼睛片刻，或將目光傾斜定格於眼前的地面上。如此一來，雙目的疲勞會漸漸緩解。讓我們再提醒你一次，這會讓你頭腦中浮現的影像慢慢減少。然而這並不是該實踐的目的所在——真正的目的是，你要出發去與你的小腦袋相遇，並看看它裡面的內容，不管那有多令人驚訝。請瞄準投影機，觀察依次出現的影像、顏色和形狀，真的會有一個世界突然展現在你的眼前！

● **祕訣**

進行觀察需要找一個觀看的地點，也可以說是一個空間，一個可以從那裡開始觀察的地方。我們用「完全的意識」、「見證的狀態」或者

「觀察的意識」來描述。我的第一位導師奧利維爾・賴艮—旺仁則用了「完全在場」來表示，這個說法的優點在於讓全身都參與上述的觀察中，並且完全符合我們從中獲得的體驗。這裡有一個祕訣要傳授給你：我們不是用大腦觀察大腦，而是要找到另一個視角、另一種距離！

我用了很多年（五年）的時間才達到這種狀態，因為一路上困難重重。不受控制的情緒、焦慮感，以及缺乏對自己能力認可的自信，它們在我內心裡肆意蔓延，佔據了所有位置，我卻找不到方法抽身。於是，我開始進行非常有幫助的心理療法，之後才轉而學習催眠和自我催眠。

在前幾年「內心電影觀察」的嘗試摸索階段，儘管像在霧中游泳般感到迷失，我還是能感覺到事物逐漸安定下來，就像清晨牧場上空消逝的薄霧一樣。而我的陽光，那溫暖了我心田的陽光，正是這些規律的靜坐。在寺院裡，僧眾每日早晚都到道場坐禪，也就是靜坐冥想。無論刮風下雨，無論風雪交加，這一安排從未更改，身體似乎也在等待著這些使日子變得規律的平靜時刻。

●與影像遊戲，以重啟靜音模式

在學習催眠療法和神經語言程式學課程期間，我饒富興趣地注意到了「與影像遊戲」這個練習。它和前一個練習的不同之處在於，它主張介入心思的內容，而不僅僅是停留在觀察階段。從佛教，也就是性靈修行的角度來看，我們只是停留在心理狀態「當中」，並未做到「正念覺察」。而「與影像遊戲」在某種程度上，就是頭腦在頭腦上作用。但我絕非想要詆毀或否定這種練習的好處！與心理影像有關的實踐實際上非常有效，我每天都將其傳授給來做催眠療癒的病人。

隱藏在其中的想法其實再簡單不過：我們的內心世界體現了我們對外在世界的看法，它取決於我們的感知方式。說得再簡單一點：假如你將兩個人安排到了同樣的地方，面對同樣的風景，他們內心所呈現的影像卻是大相徑庭的，因為他們接受訊息的習慣不一樣。其中一人，就是那個愛幻想、愛晃蕩的傢伙，會看著天空。而另一人，年邁的退休農民，會看看田野裡的農作物是如何種植的。現在，把事情更複雜化一點，你可以讀讀叔本華的著作《作為意志和表象的世界》（*Die Welt als Wille und Vorstellung*），他也研究這些不可思議的問題，當然還有其他同樣引人入勝的主題。

了解這些之後，我們就開始練習吧！

和冥想—觀察一樣，剛開始實踐時你一定要置身寂靜之地。閉上雙眼，向內觀看內心（要專注！）的心理影像。為了在這個你無意識間形成的內心世界裡慢慢注入平和，一開始，你需要逐漸放慢影像出現的節奏。比如，想像所有的影像均處於失重狀態，或者像是一部電影裡的慢動作橋段，畫面一個鏡頭接一個鏡頭地緩慢呈現。你可以做自己的電影放映師，控制放映機。你可以使用能讓你控制各種設定的神奇遙控器，……一切都有可能！這樣一來，你可以逐漸將靜音的音軌，或相對的安靜放入你的精神世界裡。這是一個對抗壓力的良方！

● **祕訣**

上述的冥想－觀察練習會讓你適應、熟悉心理影像。因此，開始前請先花幾分鐘靜默地觀察很有幫助。在介入心理內容之前，這個步驟好像為內在做了一次全面檢查。

04 語言的靜默

「在所有對事情沒什麼意見好說的人之中，最讓人喜歡的就是那些沉默不語的人。」

——尼古拉·德·尚福[13]（Nicolas de Chamfort）

我一直都很喜歡聊天，有一句沒一句地閒談……真是個愛說話的人！念小學時已經這樣，因此沒少被老師警告。他們拍著躁動不安的我的幼小肩膀說「很有天賦，但會影響旁邊同學」、「學習成績優秀，但

13 法國詩人。

要注意言行」等諸如此類的話。也是在那時，父母為了讓我能平靜下來，便採納了經驗豐富的小學教師珍娜維埃芙．迪維亢女士的意見，為我報了哈達瑜伽的課程。一九八零年代初期，這類課程可謂鳳毛麟角，當時瑜伽也不像今天一樣風靡各地。然而，我很幸運，因為瑜伽課程教授的內容讓我受益匪淺，也無疑地對我日後選擇修行之路有所影響。儘管如此，那時不過七、八歲的我無論上不上瑜伽課，都是一個嘰嘰喳喳愛講話的孩子！

在之後的成長歲月裡我依然本性難移，靜音生活直到很晚才姍姍來遲，並為我帶來了快樂。而且，安靜不語不只帶來了快樂，也帶來了深刻的幸福感。在集體生活中，我的話語會隨著話題的節奏，像閃電一般爆發。但更多時候，安靜和觀察卻是生活中的極致奢華。我在城市或森林裡一邊品味著這種音節的休憩，一邊想著自己有多幸運。在這種演變發生前，我經歷了許多階段。以下我會照著順序，或差不多照著順序一一提及。

對於完全安靜的迷思

令人訝異地，我做的第一件事情是和多話言歸於好，像接受正常存在的現象一樣去接納它，並且意識到內心的嘈雜其實包含了各種因素。

我們可以避開眾人來思考以下問題：你是否注意到在往靜默前進的道路上，自己其實常常在倒退？你是否注意到「前進」常常意味著「回到原點」？因為我們的前進，其實不是從發展安靜這種新的特質開始，而是從接受一些小小的不完美開始。這段避開眾人、低聲私語的思考到此結束。

所以，放棄絕對而永久的安靜吧，接下來才是我們要踏上的玫瑰盛開之路……

腦袋裡的小小聲音

我們就從確定一件要指引我們前進，又很重要的事情開始說起吧。語言的全然靜默幾乎是不可能的，我們當然可以在長達數小時，甚至數天的時間裡保持緘默——冥想禪修時，我們會有這樣的體驗。很多性靈修行傳統也把沉默當成是一種實踐（我們之後會聊到這個話題）。但是，話語雖然沒有從嘴裡說出，它們依舊在我們的小腦袋瓜裡魚貫而行，排列整齊，宛如訓練有素的小小士兵！除非我們的腦電波沒有起伏（腦電圖機器的顯示呈水平線，但坦白說，這不是好徵兆），否則，大腦會繼續運行，產生點子、思緒或其他想法。

所以，很多人的頭腦中一直會有一個「小小聲音」，它根據不同的事件或評論、或分析、或抱怨，甚至唱歌。其實也沒有什麼值得大驚小怪的。人們一般將這個小小聲音稱為「內心對話」，但有時候它的作用不可估量。比如，多虧了它的存在，我才能獲得寫作這本書的靈感，並將句子連貫起來。也正是這個「小小聲音」，讓你在公司尾牙酒會上能夠對答如流；是它建議你吃有機食物，做一名素食主義者，或者決定你的購物清單。當你遇到一個已婚、有三個孩子且住在馬約特（Mayotte）[14]的美男子，並為他的迷人雙眼而淪陷時，也依然是這個小小聲音，帶著未戰先敗的無奈告訴你：「你確定要再上一次當嗎？」還有，在這場既荒謬又短暫的豔遇結束後，也會是它對你當頭棒喝，說出那句著名的：「我早就跟你說過了！」總之……

大多數時候，小小聲音只是在內心碎碎念。當然，如果這個聲音在深夜響起並命令你：「拿這把斧頭去砍你的鄰居，我就是撒旦，我命令你做這件事！」那麼你就得去找「靈魂醫生」（精神科醫生）諮詢了，而且要盡快去看醫生！但普遍來說，人們常常在自己的頭腦中自言自語，所有人都覺得這再正常不過了。有的人——不是你，絕對不是！——甚至會在車裡、在家中自言自語。他們在做家事或整理酒窖的時候會說：「瞧，這玩意兒居然在這裡……好吧，我還是把它放在那裡好了……放好了……搞定了……不錯……」看到這你想起什麼了嗎？

14 莫三比克海峽上的島嶼，是法國的海外省。

語言和感知

然而，語言對我們日常生活的影響比上述情況還要深刻。二十世紀末的諸多社會學研究表明：世界的表象會因個人文化，尤其是個人語言而改變。愛德華・霍爾（Edward T. Hall）在其著作《隱藏的維度》（*The Hidden Dimension*）的前言裡，對此做了一番絕妙的解釋。該書也探討了不同國家中親密距離的大小，這本書是能深入了解對方的資料寶庫。

語言改變了人們的感知和與世界的關係。例如，伊努特人有五十二個詞可以為「雪」命名，他們的眼睛也學會在一眨眼間就可分析、辨別出周圍地表的種類是硬雪、軟雪、厚雪、冰雪、薄雪，或緊密的雪……，我們無須專門了解伊努特人的生活，但準確使用詞彙相當重要，很可能會決定一個群體的生存問題。因為擁有大量的命名方式，伊努特人早已習慣更準確地描述戶外各式各樣的雪。而孩子們從小就開始學習這些表達，這些詞語也讓他們能用更細膩的方式去感知、認知，甚至塑造世界（是文字創造思想？或是思想創造文字？抑或兩者同時發生？這可作為下一屆高中畢業會考的哲學考題）。

從此，我們就能知道語言是多麼深入滲透我們的日常，和我們「看世界」的方法。意識到這件事非常有幫助，它很可能會讓我們更常去質疑事物慣常的表象，去嘗試其他新的表象呈現。

我就是這樣認識身為心理治療師G的，他經常改變自己，扮演不同的「人物」。有些週末，他會換上新的服裝風格，杜撰出一則個人故事，說話與做事的節奏均有所變化，並使用不同的詞彙。某一天他是運動員，某一天他成了企業老闆，甚至是計程車司機……。根據他熱情的證詞，在變身的過程中，他對世界的感知完全改變了。一天當中，隨著時間過去，他扮演的人物逐漸充實，G也帶著好奇去探索因變身而出現的新情緒。在化身的過程中，語言和詞彙的作用尤為重要。據他所說，這是最重要的細節，足以讓他真正投入角色中。當他找到貼切的「說話方式」時，他扮演的角色就能變得極其自然，人際關係也竟然出乎意外地形成了。詞彙、語言改變了他對自己和他人的感知。其之後的可能性是無限的！

這些和靜默有什麼關係呢？道理很簡單。從我們很小的時候起，我們已習慣去為出現在眼前的事物命名。這是桌子，那是時鐘，一小時等於六十分鐘等等。這種習慣極有效率，我們因此得以與他人交流，並讓對方理解我們。它也給了我們令人安心的生活輪廓，因為在命名的時候，我們就證明了各種事物的存在，我們也為自己的環境劃定了範圍。可是這種範圍與這些命名，這種去定義及對事物有意見的習慣，也讓我們將預設的想法緊貼在事物和我們自己身上，緊貼在我們周圍的生物上！比如，我們事先揣測女鄰居是個愛抱怨的人，於是給她貼了一個標籤，也關閉了重新審視她的視角。但重拾的靜默則很像是，用像孩子一般好奇吃驚的眼光去看待我們的女鄰居，心無成見，也不預先批評。鄰居只是一個普通人，一個我們每天都能去發現或再次發現的人，我願意接受或許有一天，她會不再抱怨的可能性。何樂而不為呢？

歡愉的「非知識」

作為結語，我又要老生常談了，語言＝標籤。這合乎情理，如此甚好，因為這本來就是詞語的作用（它們也會優雅地完美融合，於是誕生了詩）。可是另一個問題也馬上浮出了水面：將標籤貼在一個空白的載體上時，我們既為之填滿了內容，又為其設置了界限。語言和觀念的靜默，也就是回歸詞語的「空無」，提供了一種前所未見的奢侈權力，去重新賦予世界開放與自由。

其實我們所說的只是去探索歡愉的「非知識」。我希望尼采能原諒我，因為我借用了他知名著作的標題（尼采先生，您儘管放心，我只是稍微改編了一下）。[15]

因為，脫離觀念代表在語言文字發生之前，而獨角獸之類的想像正是在這無法表達的空間中誕生的。這就像是要出發到彩虹下尋找難以找尋的寶藏，一無所有卻勇敢踏上冒險，卻在從反方向穿越邊界後，發現

15 這裡指的是尼采的著作《歡愉的知識》（*Die fröhliche Wissenschaft*）。

其實一直以來，一切早已完全安祥寧靜。

遠觀生活，
永不去質問它。
它不能
告訴你什麼。答案
超越了眾神。
但你盡可由衷而
安然地
仿效奧林帕斯諸神。
神之所以為神
是因為他們不會思索自己是誰。

——費爾南多．佩索亞（Fernando Pessca），節選自《使命》

學會保持沉默

「靜默之花在沉默不語中競相綻放。」

——日本諺語

為何保持沉默這麼難？

欣賞完詩後，我們要聊聊嚴肅的話題了。既然你已經閱讀過不少這部分的文字，那麼我要提醒你，請做好接受震撼的心理準備。這是為了達到平和及靜音狀態，所需要付出的代價。但是請你放心，你的「犧牲」一定會有等量的所得。之所以用了「犧牲」這個詞，是因為對於我們當中的某些人來說，這的確是一種「犧牲」。畢竟，這就像是要切除一部分的自己，那個我們早已習慣，愛和同事、鄰居、朋友聊聊生活瑣事，或是天氣預報的自己！

就連禪寺也逃不過這一步。儘管寺院是用來靜默或冥想的地方，但仍住著像你我一樣的凡人。有的修行者天生就喜歡靜音生活，而有的人要慢慢學習才會進入狀態，還有的人則將靜默視為像酷刑一樣的折磨。在每天清晨冥想之前，我們有二十分鐘可以簡單洗漱及去公共大廳喝一小杯茶。從前一晚開始，靜默的規則便開始生效了，但還是有幾位修行者難以接受與他人共同修行、喝茶，卻沒有眼神的默契交流或是早晨的寒暄。因為他們期待的事情在寺院裡或多或少是被「禁止」的，他們只好私底下小聲交談。而我也在很長時間裡捫心自問：為什麼要做到完全的沉默是不可能的？為什麼我們一定要接觸「另一人」呢？

事實上，用社交語言交流是一種讓人安心的體驗，我看著另一個人，然後問候他，他也問候我，雖然寥寥數語，卻證明了我的存在。或者，換句話說，對方的目光和話語讓我得以存在。那麼，這是否意味著如果不這樣的話，我就不存在了呢？整整一本書也不足以探討這個主題！我是誰？真實是什麼？我是否需要為了生存而建立人際關係？哲學家和電影導演（參看電影《駭客任務（The Matrix）》）早已愉快地模糊了問題的線索，並在我們井井有條的生活中注入一些不確定因素。佛教也不遑多讓，但關於這點，我們也還是先保持沉默吧。

語言的靜音修行，極其殘忍地挑釁著我們要被看見、被聽到的渴望。這也解釋了為什麼有些人——他們似乎對別人的目光比較敏感——在需要安靜不語時，感到不自在。

語言靜默的功效

●使心靈平靜

在佛教裡，我們把這種修行稱為「止靜」。修行者需緘默而行，任隨腦中閃現的話語流逝不見，而不將它們說出來。修行者需要很有意識，並心甘情願地做出沉默不語的決定。這樣做的好處不勝枚舉，往往數小時或數天後，心靈便得以平靜。

我們每年都會進行為期一週的禪修，一般將時間定在隆冬之際。除了能身處大雪紛飛的仙境外，這也是適合全神貫注在止靜修行的殊勝時刻。此種專用於冥想的禪修，叫作「臘八攝心」。這項活動是為了紀念兩千六百年前，佛陀於十二月八日成道（日期需確認，因為那時還沒有自拍這回事）。緘默一週，非常理想的條件！每年（我已經進行了十二年的臘八攝心）我都頗為驚訝地注意到，這種安靜修行對我的心理活動產生了奇妙的影響。數小時後，心異常平靜，只要一想到還要在這身心愉悅的平靜裡繼續修行幾日，我就會感覺格外輕盈自在。

通常，我們會對日常瑣事，比如工作、公共運輸、政治等等，產生想法、慾望和看法。一旦我們「忘記」將它們明確表達出來，這些話題轉瞬就會變得無足輕重。和一位同事有了矛盾，如果沒有口角，尤其是沒有在同事間散播開來，最終兩人之間的矛盾會像一件舊毛衣一樣散成絲縷，展現出在它背後華麗的錦緞。當然，這一切都取決於衝突的性質，規則不是絕對的。但我們可以確信，緘默為問題的解決提供了空間。比如，很多人會去慢跑「改變一下心情」。一次安靜的慢跑——當然是呼吸正常的慢跑——能釋放內心轟轟作響的思緒。在步伐的律動下，詞語一點點消逝，雙腿如同畫家的畫筆，慢慢將地平線呈現在我們眼前。我們當中最有智慧的人認為，平靜的地平線一直都在，它藏於表象之後，不需要什麼了不起的作為，便足以重新發現它。

當然，從務實面來說，人們並不是總有機會放假一週去做靜音冥想，尤其是第一次。因為他們一旦體驗到另一種生存方式所帶來的快樂，就會迫不及待地盼望著下一次修行日的到來，並開始計劃他們的假期。可是，如果你記事本上的日程早已排滿，那麼你可以在下面幾章找到一些線索，以便在日常生活中體驗話語的靜默修行，無須等待。

●另一種語言

幾年前（二〇〇八年），我去日本進行傳統禪修（參看第三章）。寺院裡授課的比丘尼恪守傳統，她們當中有些人不太理解禪宗佛教能跟

「外國人」扯上什麼關係，為什麼能牽扯到日本人之外的人。我到達寺院的時候，有人告訴我不能使用英語，修行的一切活動都要用當地語言，即日語來完成。不過，日本人常常為訊息設置了「祕密抽屜」：意思就是，有說出口的話語和未說出口的話語，它們分別代表著表象和真相。如是，寺院住持及其某位出色的助手，將修行的諸多事宜安排妥當，與我同寢的幾個比丘尼能說或者勉強能說幾句英文。所以，既有「不准說英文」的正式訊息，也有「我們會盡力幫助你，讓你還是能夠融入」這種微妙的心照不宣。這是一種細膩且相當有趣的文化，我始終興致勃勃地持續探索著。

但為什麼要聊起這個小插曲呢？最終，在此次禪修修行的三個月裡，我和比丘尼們的言語交流可謂寥寥無幾。導師用日文授課，偶爾會照顧我稍微翻譯一下。就是讓我剛好可以跟上進度而不至於是聽天書的狀態。大部分時間裡，她們都在熱烈交談，而我卻從不知道她們聊天的主題。一開始，在沒有任何語言學習方法的幫助下，我曾嘗試過辨認她們句子的結構或音調，卻終是徒勞，日語和中文一樣困難！於是我很快就放棄了聆聽她們交談的想法。她們聊天時發出的聲響如同我們熟悉的嗡嗡聲，縈繞在每一個日子裡，為每一天帶來自發的愉悅。她們時常閒聊、歡呼、大笑，氣氛活躍。而我，我只是在一旁傻看著！

沉默不語真的讓我受益匪淺。我慣常的小小不耐，因為喪失了它們最喜愛的表達場合，就如同太陽照耀下的白雪一樣消失殆盡。不得已而為之的靜默，徹底焚燒了我薄弱的憤怒或厭惡，使其不留一絲痕跡。沒有人聽我抱怨或低聲發牢騷，也沒有聽眾聽我表達對各種大事小事的看法，這顯然是與靜默同行，開始以全新方式思考的理想條件。老實說，內心的小小聲音依然會響起，不過……是用日語！多年來，我已習慣聆聽自己的內心對話，因此不可能強求它絕對安靜，我甚至都沒有考慮過這種可能性。我需要它，需要內心的小小聲音，它讓我安心。由此，新生了一種語言：日語句子的片段、佛經唱誦……，這是一種超出邏輯思維的日常心靈音樂。我喜愛至極。更美妙的是，我每日都能感覺到自己心境越來越平和、注意力越來越集中。

多多聆聽，打開感知之門
「如果感知之門獲得淨化，
每件事都會以本質展現在人類面前。那本質是：
無限。」

——威廉．布萊克（William Blake）

當我們內在的小小聲音開始迴盪時，總有一個或強烈或微弱，或尖銳或低沈，又或者是中音的聲音響起。通常，這個聲音佔據的空間足以將我們與周遭的聲音世界隔離。換言之，我們沒辦法一邊在「自己的頭腦裡說話」，一邊聆聽世界的聲音。何其遺憾！正因為這樣，很多人和朋友到森林裡散步，卻從未覺察到樹木奏響的旋律、樹枝上飄落的秋葉的輕輕嘆息、因風碰撞到一起的樹枝的嘎吱作響……但突然間，意外地，嘴巴安靜了，腦袋也清淨了！突然，我們又聽見聲音了！我們行走，雙腳踏地的聲音穿透了這個瞬間。這種「存在」感有時轉瞬即逝，而且很快就會被人們遺忘在身後，但有時，又會讓體驗過的人久久不能忘懷。

你有過這種在森林散步時突現的遼闊感嗎？這是一種面對巨大存在時的眩暈感，是心跳突然加速，並且與宇宙節奏吻合的印記。有的人用「我們不是唯一的存在」來訴說這種感覺，有的人則雙膝跪地祈禱上蒼，有的人則直接接受這種神祕感，並未去揭開它的面紗，而是賦予自己的生活未知的冒險。

但無論身處市區還是鄉下，一個緘默的人，一定可以感覺到另一個世界的存在，生活的暫緩、時間的停滯和能量的展開，共同構建出的另一個世界。這個世界一直都在嗎？還是因為我們的細緻觀察它才出現的？這些問題的答案我們無從知曉，但似乎從咫尺到天涯的聲音從此湧入我們的耳朵裡。

佛教中，一位深受信徒喜愛的人物是觀音，人們也稱其為觀世音菩薩，祂是慈悲之佛。祂通常以女神形象示人，擁有千隻或幾近千隻手臂。某些傳承使用觀音這一形象或者其原型，以便在日常生活中獲得啟發。在想像這尊菩薩的美德的同時，我們亦讓精神朝祂走去。觀音的另一個名字是觀世音，「觀察世間音聲，覺悟有情」，迎接新來的修行者時，我常常樂於提及此點。確實，祂所傳達的訊息讓人感到前所未有的溫柔！觀音聽聞並了解眾生的一切——他們的生活、品德、缺點、慾望——祂心懷慈悲地關注眾生。在多年聽聞諸多凡間俗事後，祂唯一留下的情緒，是對人類天性的慈悲溫柔。而我們以觀音為例，其實只是想請你「和自己做朋友」（何況這是一部精彩著作的標題，作者為藏傳佛教比丘尼佩瑪·丘卓[16]，大力推薦你閱讀此書！）

淨化心靈及腦中小小聲音的練習

有聲旅行之體驗

迫於生計，我從事不同的職業，它們每一個都很有意思，我尤其喜

16 佩瑪·丘卓（Pema Chödrön），《*Entre en amitié avec soi-même*》，2000。本書尚無中譯版。

歡歌唱老師這份工作。來上課的人要不上個別課，要不接受集體培訓。教室位於史特拉斯堡市中心，學員們透過學習來了解聲音的運作、呼吸及共鳴等基礎知識。大多數時候，他們會將聲樂課放在一天當中的兩個行程之間，在全身充滿世俗的躁動時，突然現身聲樂課。他們就這樣肩上背著各種掛心之事登場，完全無法專心，無法去感受！於是，我為他們安排了一個簡單卻利於身心的儀式，減壓室。

坦白說，這個活動很容易實施，可以在一天中的任意一個時刻進行，可以坐著、站立、躺下進行，可以獨自一人或在人群當中進行。而且這項活動還具備不被看見和不易察覺的特點！因此，你可以在任何場合實踐，像是會議中、地鐵上或家裡，而不會被人發現。傳統的靜坐冥想或呼吸訓練可沒辦法如此。

這個練習的做法如下：此刻無論你身在何方，請你注意到身邊的聲音。先從鄰近的聲音開始聆聽，然後再聽向遙遠的聲音。花一點時間從一個空間轉移到另一個空間，從前景中的聲音聽到背景中的聲音。然後將耳朵伸向不同的頻率，尖銳、低沈、中音。嘗試辨別此刻各種不同的聲響，城市低沉的跳動、遠處飛馳而過的火車、剎車的摩擦聲、樹林裡的風聲、自動洗車站裡的聲響、交談聲……，聆聽的祕訣在於，開放地迎來聲音並擁抱它們。

幾分鐘後，你或許會產生一個疑問：內心和外在的界限是什麼？聲音在哪個位置時是在我的耳朵之外，然後進入到耳朵之內？這個問題很難回答，界限似乎模糊了，既無內在也無外在。聲音、世界和「我」早已融為一體，無法區分。無庸置疑地，是我們打開了聲音場域，才帶來了這種舒適感！無論你是否相信，結果都在那裡，我的每一位學生皆可證明，在開啟了聲音之旅的五分鐘之後，我們就感覺良好。這真是瘋狂！

為什麼會這樣？我對此提出一個假設：當我們憂心忡忡的時候，當我們反覆思考、反覆檢查的時候，我們就像一條封閉的迴路一樣不斷在自己身上反覆作用，就像內心的囚犯。於是，我們穿越了一整條街道卻對其視而不見，因為我們的關注點全部聚焦在內心的獨白上。但當我們決定打開艙口、伸出耳朵的時候，回應的空間就會自動打開了。「外面的」世界重新出現，內心獨白平靜了，全身心的精力再次呈現出和諧的狀態。所以，我在進行治療時，如果面對的是一個憂鬱症發作的病患，那麼我的第一件工作就是讓他抬頭重新看看身邊的風景。在上述練習中，我們是打開耳朵完成的，結果都一樣圓滿，氛圍也因而變得異常輕鬆。

馴服內心的小小聲音

跟我們之前提到的一樣，那些很喜歡說話的人，其腦海裡常常有一些替身，例如吉明尼·蟋蟀和[17]或奇妙仙子[18]，從早到晚不停說話。我們將這種現象稱為「內心對話」，不過我認為「獨白」似乎比「對話」更貼切一些，因為除非你高聲回答自己的提問（老實說，這也很冒險，不利於你和諧的社交生活），否則這個小小的聲音通常都是一個人自言自

17 迪士尼動畫《木偶奇遇記》中的人物。

18《彼得潘》中的人物。

語。

我要向你推薦三種做法，幫助你調節這個小小聲音的頻率。關於它的源頭、用處和可信度，我們可能需要用整整一本書來解釋清楚，因為那又再次涉及了意識的神祕。因此，我們還是用務實有效的方式一起研究一下這個「小小聲音」，以便讓你重拾一點平靜及內在靜默。

●王者的做法：觀察但不觸碰

我們也可以將這種方法稱為「王者之道」。這是在試過其他各種方法之後得以延續下來的做法。它將我們帶至最遠處，也具有最多的可能性。這是我的首選，而且遙遙領先其他做法，也因此，我選擇先將它推薦給你。雖然它的賣相不佳，但最美好的神祕事物總是在暗地裡前進，這項做法也不例外。

首先，你需要坐在安靜的地方。可閉上雙眼，也可半睜半閉，但一定要完全放鬆。然後，你重新站起來，用王者的姿勢，也就是說像肩負重任，乃至身受神諭的人一樣站立，此刻正是你出發去探索思維內部的時刻。你在想些什麼？此時此刻你會說出什麼樣的話？是說出有邏輯可循的話語還是隻字片語，或是一首不久前聽到的歌曲？說話的那個聲音是你的，還是你朋友或父母的？

現在，我們進入練習的重點，也就是最具代表性的部分：要讓這個小小的聲音逐漸緩和，並將靜默的空間釋放出來，無須特別做什麼，你只需站在一個中立觀察者的立場上就足矣。我們也把這種立場稱為「觀照意識」。這是一種不介入、不判斷也不評價地、只要觀察閃現的思想和話語的能力。你只要待在此地，看它們經過，但要充分意識到每一個字！

此做法的優點在於能與自己真正「和解」。我們不打算戰勝聲音，也不尋求刻意安靜，也不是要建議聲音進行改善！不是這樣，而是要像門戶樂團（The Doors）在歌曲《Take it as it comes》裡唱的那樣：既來之，則安之。從心理學的角度來看，這其實也與每個人對真實自我的認同有關，接受自己的優缺點，接受內心聲音的存在，儘管它有時絕妙，有時專橫，有時帶有批判性。此修行方法中，我們能同樣平靜地接納自己的每一面。這些自我只是被放到了觀照意識的鏡子前面。此時，當我們不去觸碰思想或內在聲音，它們會出現，然後自然地消失。於是一種空前的自由感也應運而生！另一種與自我、與世界更淡定、更寬容的關係，也可能因而出現。

●和自己的「小小聲音」玩耍

若我們想自娛片刻，並且幸福地重拾童年的心態，那麼這小小聲音是一個選項。一些事情會讓你開懷大笑，一些事情又會讓你目瞪口呆。但無論是在哪種狀況下，你都會為自己大腦的能力，和從中取回一點控制權的潛力感到驚嘆，而所有人都具備這種潛力。假如你的小小聲音偶爾讓你煩惱，那就聽聽以下的建議吧！

①**辨認小小聲音：**要做到這一點，可用之前提及的練習進行訓練。

開始的時候，身處安靜之地要容易得多。然而，稍微訓練之後，我們也可以在地鐵裡、在行走時、在購物中練習。

②**降低音量：**想像你的大腦旁有一個調節音量的旋鈕或是游標。先轉動旋鈕提高音量，然後再轉動旋鈕降低音量，聲音便會變小了。這很神奇，不是嗎？

③**遷移聲音：**你在什麼地方聽見這個聲音？它在頭腦裡嗎？在頭上面？在右耳邊還是左耳邊？在腦袋後方嗎？在喉嚨周圍嗎？花點時間找找聲音並為它定位……然後試著讓它搬家！聲音隨運動而轉移。它改變位置了！接下來測試一下當你需要耳根清淨時，它應該在哪裡最理想。我經常把聲音放在心裡，因為這樣可以保留它最初的保護功能（小小聲音知道很多很多事情），而我的頭腦也可以自由地觀察世界。

還有很多其他小練習可以推薦給你，它們是我在神經語言程式學的課堂上學到的。我在治療中經常使用它們，每次都頗有成效。我們來說說這名年輕女子吧，她的內在聲音專橫霸道，每天從早到晚傳遞消極的訊號給她，比如「你一無是處……真是亂七八糟！……你這樣做不可能成功……可憐的女孩，你真的很蠢……」我們沒有追蹤這些訊號的根源，而是直接針對內容訓練。我建議她用唐老鴨的聲音取代那有問題的聲音！結果就是，在那一次治療中，她除了樂開懷，甚至笑出眼淚來，相當有益身心外，她也再也無法和那些指令計較了。唐老鴨的聲音讓一切作廢！而身心也重新變得愉悅輕盈。

●身體和聲音（或如何進行「大智若愚」的練習）

身體和心理緊密相聯。而這條格言也適用於人類身體裡最令人驚訝的一個器官：舌頭。它擁有十七塊肌肉，可以自如地做出各種動作。多虧了舌頭，我們才能激情昂揚、口若懸河地說話，無論是跟一個吃奶的嬰兒嘰嘰喳喳的說話，或在召開股東大會時發表人生最重要的演講。這一切都得歸功於我們的舌頭，因為有了它，我們才能說出「我愛你」，或者在祖母臨終之際和她永別……因此，舌頭是一個非常有用的器官，但是它卻常常過分緊張！

我們得知道，放鬆舌頭可以立刻放慢心中的話語流。即使關於這一點還沒有相關研究，但舌頭和內心對話似乎關係緊密。所以，緩解其中一個也會使另一個也相對地平靜下來。我常常在冥想中體驗到這件事，而幸福感滿溢。

可是要如何放鬆舌頭呢？事實上這和「同時」放鬆舌頭與下頜有關。讓下頜落下，微微張開嘴巴，將舌頭放在牙齒後。你將會看到此時臉龐顯得有些笨拙，但這就是讓你放鬆的代價！我們將這個訓練稱為「大智若愚」或者「扮演笨狗德菲」。請你測試一下這個練習的功效（私下），你會發現這種放鬆完全阻止了你的抱怨、反覆思考或內心嘟噥。最近，某位女性朋友跟我說：「或許『大智若愚』就是足以解決我們所有問題的奇蹟方法？！」……我將評斷權留給你。

05

身體的靜默

假如十五年前，有人向我描述我今天的生活，我可能會大吃一驚。用我當時的眼光來看，這樣的生活——所有在寂靜自然裡度過，用來觀察變化的天空、深入了解動物的神祕特性，以及用最敏銳的注意力觀察身體共鳴和跳動的時光，它們會讓我快樂嗎？我當時根本沒有在意過自己的身體。無論它是否願意，它最多只是一個被我拖拉著的物體，陪著我從一個節日過渡到另一個節日，去體驗極限去冒險，好消磨掉時間。但是當接觸了歌唱和靜坐冥想後，一切都改變了！一個新世界出現了：身體的存在感逐漸被建構出來，一個器官接一個器官依次呈現，直到所有，或幾乎是所有的感覺慢慢恢復。

但這需要時間和許多的耐心。我還記得在法國中部蔣德羅尼耶（Gendronnière）禪寺裡的第一次靜坐冥想。我們席地盤腿坐在墊子上，導師告訴我們為了採取筆直坐姿，需要觀察身體的不同部位：腿、脊柱、頸背、頭頂，甚至是兩隻手的拇指接觸！這裡說的是兩隻拇指互相輕按的動作，如同抓著小螞蟻一樣：既不要過於用力（後果任你想像），也不要太輕（因為這樣小螞蟻會迅速逃離，何況我們也沒有徵詢過牠是否想參加冥想）。剛開始做這個動作的時候，我的那隻螞蟻迅速逃走去和牠的同類團聚，之後上百隻被召集來參與冥想訓練的螞蟻，也很快就重蹈覆轍，逃走，或在全神貫注的祭台上犧牲。幸好牠們只出現在我們的想像裡！

就像你發現到的，我的身體意識有待加強。不過，透過後面篇幅裡的各種訓練，我逐漸培養出這種身體意識。但在一開始，讓我們先專注於幾個問題：為什麼是身體？身體意識會為我們帶來什麼？唯有在了解身體的偉大之後，「身體靜默」的觀念才會透露出它們的神奇絕妙，並兌現它的承諾。

缺席太久的身體

請你跟著我……首先，我想邀你進入聲樂課的課堂。若要唱歌，身體的確是最重要的。還有，多虧了下面這個例子，我們也意識到重新思考自己和身體的關係很重要。

一堂聲樂課的祕密

「您好，您是坎吉育嗎？」一位年輕女子站在我面前，不太敢抬頭看我，瀏海蓋住了眼睛。「是的，我是，請進……」第一堂聲樂課，第一次建立關係，這裡頭總有奇妙和令人沉醉的東西等著我們。我們將安安靜靜地出發去探索自己的世界。我們將以絕對的坦率純真，經歷我們個性中的神祕。我們將會開懷大笑，會推心置腹，會一起見證這份就這樣出現的不可思議——這份透過聲音，使人聲、呼吸和身體以最自然的方式進入共鳴狀態的不可思議，而絲毫不會想到使這一切發生的奇蹟。

「你想喝點什麼嗎，咖啡還是綠茶？進入正題前，我們可以閒聊一下！」

「我很樂意來杯咖啡。」年輕女子勉強笑意地輕聲說。

我暫時離開去煮咖啡。靜默襲來，幾乎可以聽到她的心跳。正好，在她還沒有完全參觀完教室前，沉默被打斷了。

「能請你告訴我，你來上聲樂課的原因嗎？」我邊問邊坐到她身旁。她回答：「是為了我的男朋友。我是他電音樂團的合音。但是我很清楚自己沒有歌唱技巧……我想讓聲音變得更自信一些……其實我很喜歡藍調音樂和法國歌曲，我喜歡歌手卡蜜兒（Camille）、克里斯蒂娜和皇后們（Christine and the Queens）。」

她的笑容有遲疑，也有些虛張聲勢的味道。她個子很高卻彎腰駝背地站著，腦袋深陷進肩膀，就像一個被大人訓斥的孩子。她非常需要保護。

「你運動嗎？」

「會，我會在游泳池游長距離。是有些乏味，但就是這樣……」她說著，卻好像在請求原諒。

「你知道，我採用的聲樂教學有相當肢體性的一面。因此，學習的主要內容與身體有關。所以，對於像你一樣有運動、有活動身體習慣的人，就會容易得多。你之後會知道的……我們可以上課了嗎？」

我們朝教室走去，它在另一頭。這個地方異常寬闊，牆壁是白色的，透著平靜的氛圍，專門用來禪宗佛教的修行。這是一個禪修中心，每天早晚會進行傳統的靜坐冥想、誦經和燒香供佛。除了偶爾幾次例外，白天這個地方基本上沒有人。所以我很幸運能擁有如此靜謐平和的工作氛圍，教室外洗車場的噪音也很少干擾到我教學。如果我們稍微發揮一下想像力，洗車場水泵的嘶嘶聲和海洋中洶湧澎湃的浪花無異，平靜就能保留下來了。

我們經過淺木色的冥想室，地面上鋪滿了黑色坐墊，推開活動室的大門，那是一個六十幾平方公尺的敞亮空間，天花板高五公尺，鋪著米色地毯。

「這就是我的教室。這是個祕密！請不要告訴其他人鬧市中有一個這樣的地方，他們會把這個地方佔為己有的！」我和她開起了玩笑。

「這裡真美，是個讓人放鬆的地方。」年輕女子奧瑞莉說道。

「你可以把鞋放在這裡。我們要很放鬆地上課……第一堂課會從重新意識到身體和感覺開始。事實上，我們要出發去探索奧祕了！」一開始的首要任務就是問候自己的身體，重獲身體意識，體驗禪宗大師們稱之為『回家』的感覺。在西方社會裡，人們用腦過度，甚至濫用了！不幸的是，這種演變並不利於我們的身體。今天，我們要重新接觸身體這具樂器，替它調音，要與它產生共鳴。你對它的重視會讓它感覺良好！請你站直，像鳥兒一樣伸開雙臂，並且體會、享受這種空間感和自由感……」

奧瑞莉順從地閉上雙眼，雙眉緊蹙，儘管對接下來會遇到什麼課程內容仍有疑問——因為進入正題的方式有點令人訝異。不過，顯然此時好奇心佔了上風，她很快就將手臂在頭上大大張開。我們一起品嚐了這種前所未有的感覺：軀體欣喜地擴張了它的邊界。

對很多人來說，此刻開始了讓身體再次恢復魅力的漫長工作。我們都曾在學校度過了漫長時光，培養批判意識，學習不規則動詞或民法條款，所有這一切都讓我們的身體有很大一部分成了無人照管的孤兒。這些歲月被用來囫圇吞棗地學習，被迫記下法國每位君主的出生年月（但也很快被遺忘了）。這些歲月讓被理性監禁的囚犯在陰暗中萎靡，這位受困在心智裡的基督山伯爵就是我們的身體，它在主流思想的遺跡下被遺忘。

顯然，我們之中很多人在學校「上過體育課」或在校外練過網球、足球。但是在那些經驗中，身體修養的魔力卻很匱乏。那些課程關注的是表現、突破極限、技巧、成績單上的分數，還有所有中斷了精神和身體緊密聯繫的事情。儘管我曾用將近十年的時間參加高水準的體操訓練，卻不記得聽過任何一句讚揚動作之美的話。相反的，我更常面對的是讓倔強的身體屈服，強硬地指使它，在無知的暴力下讓身體成為榮耀自己的工具，拿在手裡的獎章最終證明此事值得一做。

這種把身體當成工具的觀念和道家思想之間隔了一條鴻溝——道家思想讓身體成為一座專注迎接原始能量的殿堂，這個過程中的淨化儀式在頌揚身體的神聖性。這兩者間的鴻溝如同萬里長城一樣巨大！

一顆球與一根細繩：悲哀的見證

著名教育家及華德福教育創始人魯道夫．史代納（Rudolf Steiner）為我們描繪過一幅現代人失調的肖像，相當驚人。他將二十世紀的孩子和球相比擬：一顆大球（腦袋）和一根細繩（身體和所有「腦袋以下」的部位）。這幅肖像主要是用來抨擊完全寄望於智慧的教育體系，這裡的智慧指的是智力，而對智力以外的事物漠然視之。智力以外的事物是什麼呢？不外乎就是器官、感覺、情緒、人們釋放出的氣流、能量的循環等等，這一整個世界都被噤聲了！這種對身體的蔑視——很有可能源自天主教曾經極盡所能地壓制一切與享樂有關的事物，造成的後果就是幾代人守著空洞的軀體，感覺陷入麻木，軀體上立著一個無法植根土地的「大腦袋」。

如今，儘管人們普遍意識到了這種不平衡，但從某些方面來說仍令人擔憂。成千上萬的青少年與生俱來一個嫁接在手上的手機，如同他們軀體的延伸部分。他們確實得到了一個額外器官，但最重要的是，他們變成了這種讓人逃進虛擬世界的新型工具的囚犯。對於憑直覺使用和讓機器使用上手，他們非常厲害！但只要一涉及人類需要集中注意力的真實生活，需要掌控接收到的刺激並對此作出回應，他們似乎未戰已先輸。一條短信來了，手機主人的手伸向手機抓住了它，意識在此並未起作用，場景以自動模式發生，身體完全「不在場」。電視和網路也扮演了相同的角色，它們讓身體長時間缺席，讓使用者們彷彿被鬼魂附身。何出此言呢？我們用這個例子來說明：我們沉浸在電影情節裡，主角打開了一瓶清涼解渴的汽水；而當電影一進廣告，我們也跟著打開了冰箱——就像個機器人一樣！

虛擬，是替「造假」辯解，它讓人忽略了真實生活的可能性，忽略了充分體驗生活中各種戲劇化和燦爛輝煌的可能性。在社交網路上展現的個人生活，同時也產生了一種幻想的真實，導致人類的自然進化在其中鮮有立足之地，例如，逐漸學會接受自己的有限、學會發展潛力、學會和自己身體本來的模樣，而不是我們想像中身體的模樣和解。

如此一來，這顆球的形象——大腦袋／小身體，這個魯道夫・史代納非常在意的形象，從此以後便可以用氦氣來填充。氦是一種很輕盈的氣體，輕盈得就像虛擬世界一樣，膚淺且存在於想像中，總是離地球越來越遠。

身體為何會缺席？

為什麼呢？為什麼要「回歸到身體」這麼難？那是因為身體和真實緊密聯繫在一起。身體以全然實用的方式呼吸、消化食物、體驗情緒（害怕、快樂、噁心、慾望等）並與之共鳴。如果我們稍加注意，就會發現這些情緒是在身體內部感受到的。很多俗語可以做證，比如眾人皆知的「憂心如焚」或者「牽腸掛肚」，還有「愛情使人盲目」（這句話表達的是激情和理智無關，這也可以成為一個討論主題。）。

所以，身體和情緒是緊密相聯的。將身體與自我隔絕，可以小心翼翼地避免一切負面情緒，並永遠停留在事物的表象上……直到某天身體追趕上我們，並帶來那些唯有它知曉來龍去脈的身心痛苦。常常，是壓力的延續、是未表達出來的憂愁，或是對日常的不適，繼而引起慢性高血壓、胃潰瘍或反覆發作的濕疹。許許多多沒有被聆聽的情緒，使出渾身解數要找到發洩方式。它會找到身體，身體不會漠然視之或沉默以對，而是全力以赴地以直覺智慧向我們傳遞信息。它跺腳、反應、用它的方式吶喊，只為了督促我們有所行動。從某種意義上來說，身體打破了它自然的沉寂狀態、它原本的和諧，只為了向大腦發送改變狀況的請求。

但人類常常無法應對這種請求。在學校裡，人們並未學過如何管理情緒，也不知道思維的運行機制，人們害怕被情緒淹沒，於是選擇與情緒隔離。這都得益於現代社會具備一切擺脫困境的方法。暴食症、各種成癮症，和其他能使自我從泛濫的情緒中隔離開來的治標方法蔚為風潮。

在生存的本能反應下，身體被遺忘了，因為我們不知道除此之外還能如何是好。這也是遭受心理創傷時會自然發生的反應。戰爭、強暴或嚴重車禍的受害者可以證明他們與飽受痛苦之身的決絕，因為這是唯一一種讓他們能夠繼續活下去的方式。基於類似的原因，醫生有時需要創造這種與痛苦分離的環境，例如建議病人逃避到愉悅的記憶裡，忘記身體的疼痛，這樣才能進行如緊急外科手術之類的治療。這種方式主要是針對嚴重創傷病患的。而除非認為生命本身就是一種嚴重創傷，否則，讓身體完全參與生活還是有許多好處的。

所以，千年以來，智者們都致力於提供回歸身體，以及學習管理負面情緒的方法。以下我們就來說說這些方法。

建立與身體的新關係——學會感受

自由之道

世間所有的修行與哲學皆同意，學會感受乃自由之道。沒錯，還有什麼能比得上完全不受情緒控制，充分理解情緒，因而找回存在的品質的呢？因為，在與身體切割（習慣使然或缺乏學習）的同時，我們也與以下的幸福時刻絕緣了。比如，淋著夏日的雨，前額感覺清涼；因喜悅而蹦跳起來，並發現這是一種可以使整個身體活躍起來的能量；品嚐一道菜餚，眼睛因快樂而濕潤；感覺到泥土和腐殖土的芳香鑽入身體的細胞裡；像貓咪一樣在草地上伸展，繼而用四肢爬行，鼻子貼著地面嗅一嗅草地的芬芳（不過，並不建議在市區做這個練習，這是因為「緊急狀態延長」[19]，再加上國家對我們小小瘋狂舉動的監視，而且還要想想狗大便）。

因此，身體能讓我們獲得快樂，我也友善地任你想像一下這句話代

19 二〇一五年十一月十三日巴黎發生恐怖攻擊事件後，法國總統宣布進入緊急狀態，其後經歷六次延長，在二〇一七年十一月一日才解除緊急狀態。

表的各種含義。因為它還有更深層次的意義，就是身體的參與，是唯一可以使我們與當下合而為一的因素。

當下＝身體。就是這樣。生活於當下需要我們真切、即時地感受到身體的存在。與身體分離其實就是生活在別處，生活在虛擬中，在理想化的世界裡孤單一人。

情緒皆為感覺

就此論點而言，心理學各大學派曾唇槍舌戰，久久未能平息。某些學派主張情緒由大腦產生，比如，我因為腦中想到一位去世的朋友，於是我感覺到悲傷。但其他學派則提出相反意見：認為是太陽神經叢先感到不適，我的大腦才急於分析這種感覺，想要找到原因。意思就是有一派覺得情緒來自頭腦，而另一派則覺得，情緒是由身體的感覺引發大腦作用產生的。

今天，這些問題迎刃而解。兩種學派皆有道理。有時是這個學派佔上風，有時是另一學派。這除了產生了我並不討厭的中庸之道外，這兩種可能性都有一個共同點：重視身體的感覺。無論面對什麼樣的情況，無論人們是否有意識，都會對身體帶來影響。也因此，如同我們稍後所見，也會有採取行動的可能性。

就如何呈現世界、如何呈現「大腦」內容而言，我們已經了解到人們會用影像、「內在的小小聲音」或身體感覺（參看第三、四章）來思考。而今天我們要談到的正是最後一種情形。我們也將其稱之為「動覺」。你可以閉目片刻來感受它（閱讀完下面幾行文字之後），並將注意力集中到身體上（你知道的，就是那個位在你腦袋下方的巨大玩意）。隨意感受身體不同部位的存在。知冷知熱，體會心跳、血液循環和輕重等。你的身體裡有特殊的情緒嗎？假如有，它在哪裡呢？你只要用一點時間，就會發現有一整個世界完全對我們開放了。如果你有較為不悅的情緒，請迅速停止練習。如果你感覺愉悅，那麼請你好好享受，並與人分享！

你已經發現了這種思維模式。有的人青睞這種方式，身體的感受力很強。普遍來說，他們注重穿著質料柔軟的服飾；若沒有肢體接觸，不會醞釀任何人際關係。對於一個「動覺」發達的人來說，若和對方沒有握手或其它肢體的接觸，他會將其理解為「拒絕」之意，並感覺百般不適。在我們這個以視覺為主導（無需接觸）的西方社會裡，「動覺」發達的人，生活中佈滿了小小的生硬粗魯，他常常因此而受苦卻不自知。他把擁有廣大感覺——一種擴大的感官世界——的幸運，和對此不知如何是好的慌亂混在一起了。

要將情緒轉化成什麼？

我們可以藉由不同的練習，學會體察身體的感受：它們有的具體又實用，有的則偏重精神修行。無論選擇哪種方法，修行者都可以從這些練習中重新找回與身體的平和關係。讓另一種節奏進入身體裡，靜默與平和也重回身體。

●靈修之道：無限制的接納

你可能早已料想到這是我最青睞的方式！事實上，它不僅能單純地促進個人發展，甚至如開悟者所言，這方式也可能讓我們與天使親近、稱兄道弟。我們只能信其有。更何況對佛教而言，天使就是我們芸芸眾生！

某些毒舌的人會反駁：每個人都是天使和魔鬼的混合體。但不是這樣的，真正的天使是有血有肉的凡人。其實，修行之道正是要讓我們（再次）發現我們的「原始本性」，即傳統上稱之為「佛性」的東西。每一個人都擁有佛性，每一個人都是法力無邊的佛陀、天使或奇蹟。然而我們理性思維的不透明帷幔，常常隱藏了這樣的精彩與絕妙。

修行邀請你改變一貫的生活模式：它邀我們為生活注入一種顯影劑，讓無限得以浮現。如此洗出的照片是最閃閃發光的，那是處於「發光天使模式」中最好的我們（給讀者的備註：我想對那些擔心見到我和天使說話的人說，我只是很正常地寫書。當然，有一點兒小感冒，但沒有服用興奮劑。我只是對這偶然的世間靈魂經驗感到「狂熱興奮」而已。其實，在法語裡，「狂熱興奮」（enthousiasmer）這個字的語源，意思就是「把位置留給上帝的人」。什麼？你說我的解釋讓我的狀況看起來更加嚴重？好吧，那我就把你們交給天使處理好了……善哉善哉……）。

那麼，這個能照亮日子，也讓我們的佛性或天使本性突現的奇蹟顯影劑到底是什麼呢？簡單地說——煉金術裡很重視「簡單」，也就是「無條件的愛」這種濾鏡而已！

使用指南如下：無論何種情緒出現，請任由它存在，並讓它自行消失卻不介入。

觀察突發的情緒，無論是哪種情緒，也無論它存在於一個還是多個身體部位中，順其自然，任其消逝。要做到聽之任之，需要具備能無條件憐惜情緒的內在態度。我們要張開雙臂迎接所有身體經歷的情緒，無須評判、拒絕或維繫它們。通常，各種不同的方法教給我們一種「伎倆」，可以改變讓我們不高興的事物，並接近讓我們高興的事物。我們會試圖擺脫焦慮、悲傷或壓力。當然，這合情合理，在下面的文字中，我們也會指引你朝這個方向走。然而靈修之道更深入。它主張將自己置於事件中心，並任憑內心懼怕在那裡逐漸瓦解。這是需要勇氣和決心的騎士之道，但這也是和解、休戰、接受所有構建「我」的事物——無論它們是「好」是「壞」——之道（我主動將好壞這兩個形容詞加上了引號，是因為生活經驗常常告訴我們：萬物變幻莫測）。要邁出的第一步就是相信自己的直覺，開始時它對我們喃喃細語，之後越來越大聲：「你真了不起！這太棒了！一切都沒問題。」

那麼再具體一些，直覺到底是什麼呢？

練習——

靜坐，重新意識到體內感覺到的情緒。無須抗爭，而是用無限制接納的內在態度來觀察發生了什麼就好。像一面好奇又巨大的鏡子一樣觀察一切，任憑它們迅速出現和消失。這裡，我們提及的就是無條件之愛的概念，也就是接受造就一個人的一切事物、接受一個人的全部能力。

額外的禮物——

只有在你感覺到這種最溫柔的愛之後，才可能不張揚地用你的人性溫暖去包覆其他人，並將喜悅注入周遭。

祕訣——

遇到強烈情緒襲來的情況時，請用一些時間，一點一點觀察，並反覆以腹部呼吸。確實，當沒有正確進行上述的觀察時，情緒反而會上升而不是消失。那是因為那並非真正的觀察，而是一種聚焦於「內在」的形式。這樣的聚焦缺乏應有的廣闊空間，只是體內循環封閉的觀察，而沒有與周圍空間的平和關係。

小小友情提示——

在佛教中，我們強調要在導師的指引下集體修行，因為他人的幫助會讓人安心，並讓我們能充滿信心地去面對內心惡魔。

●薩滿之道：生命之輪

薩滿就是那個把塵世、物質生活和靈界、上天聯繫起來的人。他藉助某些祈禱或乞靈，將我們生命中的兩個層面聯繫在一起的彩錦重新編織。在以下的練習中，我建議你成為自己人生的薩滿，和你的身體重建聯繫，真正住進你的肉身以釋放情緒並感受到自由。僅此而已。

學習催眠治療的時候，我發現了這種神奇的方法，並且立刻就將其付諸實踐。它能使諸多內在的壓力或痛苦平息，讓位給其他事物。

練習——

請坐在不受干擾的靜謐之地。慢慢回憶你想用來跟當前情緒替換的愉悅情緒。比如，你可以回憶生命中最美好的一段時光，以便尋覓到這種愉快感。你現在的情緒是什麼樣的？你在身體何處感受到了它的存在？請你回想一下。只是單純回想就能重拾最初的感覺。這個過程也許會佔用兩分鐘的時間。

接下來，你既要與身體連結，也要與有時會出現並限制能力的負面情緒連結。該情緒在什麼地方？它佔據了體內多少空間呢？

現在我們要進入生命之輪。如同情緒（émotion）一詞的詞源所指出的那樣（拉丁文 emovere：表運動的事物），情緒是一種運動。你要鼓勵體內的這種情緒再次啟動，並讓它慢慢地、反覆地自動轉動。之後，稍微加速！同時感覺它的影響正在擴大……但只是暫時而已。

備註——

在讓不悅情緒消失以前，感受它的存在是極有必要的。然而，僅是通過此舉，即這種運動的啟動，我們已經可以重新掌控感覺，並讓能量重新開始循環流動。這是生命之輪的第一個作用，讓人們從停滯不前的事物裡走出，擺脫情緒的泥沼，並注意到泥漿沉澱在沼澤深處時，表面的水重回清澈之態。

是時候了，請逐漸放慢使情緒強化的循環運動，並感受慢慢剎車的效果，它的影響力正漸漸減弱。

但還不只這樣，因為天性也會害怕陷入虛空。生命之輪將會為你建立一種更加愉悅的感受，以取代負面情緒或感覺。

做法如下：現在，不悅情緒已經消失或是緩解了，請往「反方向」轉動生命之輪。任憑有益身心的感覺從內在深處湧現，任憑它慢慢浸入各個部位。享受、感覺並參與這個創造的過程。如果現在開始，你更加速地轉動輪子，那麼情緒自身會不斷增長，直到你全身皆是幸福、快樂與舒適感……，請你自行選擇呼應的情緒。

至於我，我很樂意用哈哈大笑來結束這個練習。大笑會釋放出很多能量，並帶來難以計數的快樂身體抖動。

額外的禮物——

這個應該經常實踐的練習，除了能為你消解絕大多數的負面情緒以外，還能讓你得以和身體重新連結，並培養出重要的自我認知能力。這是一種兼具訓練注意力和學習能力的練習，能讓生命在進化的道路上邁出堅定的一步。

祕訣——

此練習的祕訣在於，讓兩種天差地別的情緒輪番上陣。你要花時間活化你的正面情緒，也就是留存在你心底的美好記憶。將這些記憶的所有細節視覺化，沉浸在幸福中，然後走進生命之輪。

小小友情提示——

催眠治療時，我常常運用這個練習。它可以讓人收集到眾多的「負面」情緒，並與它們共舞。你可以從日常生活中困擾你的瑣事開始，然後再著手處理更強烈的情緒。如此，你可以從好好掌握此方法開始，逐漸進步。

●碧娜・鮑許（Pina Baush）的方法

享譽全球的編舞家碧娜・鮑許的原則是讓所有人跳舞，無論年輕人、老年人、俊美者、醜陋者、黃種人、黑人、白人……，她的舞蹈沒有邊界。她創造了許多震撼人心的表演，展現了人性的各種豐富與脆弱。在碧娜・鮑許的舞蹈中，沒有硬邦邦的芭蕾舞裙，也無須穿著尖頭鞋忍受腳被禁錮的痛苦，她的舞蹈中只有自由的雙腳和柔軟光滑的服裝。我們的人生也因這樣的舞蹈而變得美麗。這是一種最極致的藝術，它將神聖注入日常。

將神聖注入日常就是我們受到的召喚。的確，還有什麼比將生活想像成藝術品，想像成要一步一步創造出來的舞蹈作品更令人心生喜悅呢？

今天，我要向你提議一項舞蹈練習，即使動作最笨拙的人也能參與。既然河馬都能優雅前行了（參看迪士尼出品的《幻想曲》），為什麼我們人類不做些改變呢？而且這個練習不會有觀眾在場，所以你絕對可以盡情探索！

我是在神經語言程式學的課堂上發現這個練習的。它的趣味性和有效性說服了我。從那時起，我便在治療中頻繁地向病患推薦它，也沒有忘記在遭遇暫時的情緒困境時，替自己開這帖藥方。

練習——

請記住一種不太愉悅的感覺／情緒，並聯想當時的情境，說出一句象徵該情緒的話，比如「我受到了阻礙」、「我很生氣」、「我很傷心」。然後開始跳舞並一直重複這句話。請你大幅度地做動作，比如，可以像野雁飛翔一樣自如地伸展手臂。在兩三分鐘的時間裡旋轉、起伏，保持動作流暢並一直重複那句話。你可以選用一段豐富又宜人的音樂來助興，一首短短的莫札特樂曲就很不錯！

祕訣——

負面情緒是一種停滯不前的情緒，永遠阻塞不通。重新給予它動力，讓它運動起來，然後改變它的軌跡（重新指引它），可以釋放它並讓其他感覺進入體內。身體動作的流暢會變成內在流暢的反映。

效果——

一段時間後，你會注意到那句話與和它相連的情緒已經失去了力量。比如，在伸展翅膀之際，很難感覺自己被困住。在做柔軟、緩慢、起伏的動作時，你也難以憤怒。這兩種姿態之間沒有重疊，於是改變也隨之而來。而只需一點改變，你的大腦就會發現「生氣」很好笑。

小小的友情提示——

為了將生命重新放入被我們遺忘很久的小小軀體裡，各種方法都可以。你可以跳舞、跑步、在草地上打滾或在雨中漫步。所有這一切都是為了擺脫我們自動生成思維的器官的影響，也就是我稱之為「腦袋」的東西。只有這樣，你才能重新感受到風吹過臉龐，或欣賞貓咪伸展時的魔力。

靜默的身體

豈釋動以求靜，必求靜於諸動。

——道家格言

茶道

某次在日本做禪宗禪修時，我有幸參加了裏千家流的茶道課。這是一種真正的靈修之道，浸潤了日常各個層面。為了上課，我們需要到一個有美麗花園環繞的茶室裡。我本來可以在花園前逗留數小時，但我通常沒有觀賞的興致，而且，比丘尼更應該做的是從早到晚不停地活動，這能體現出健康和對於修行的奉獻和投入。茶道課由一位七十多歲、身材嬌小的比丘尼傳授，她每週會來寺院兩三次。

下課時已是約三小時的茶道講解後了，我們的雙腿備受煎熬：保持「正座」姿勢（跪坐在榻榻米上）如此之久，連我們當中最有毅力的人也心有餘悸。但這不是重點。茶道經歷了幾個世紀的傳承，一直沿襲精準的動作，這是未受歲月流逝影響的儀式，它賦予細節極大的重要性，在當今絕大多數的學習中，缺少的正是這樣的茶道精神。因此，茶道正是邀請我們以最極致的禮節和如武士刀一般鋒利的精確性，投入進去。

每一堂茶道課都讓我受益匪淺，我學到了動作的重要性。而掌握動作要領與動作的優雅一樣重要。進入房間、問候行禮、洗茶碗，每個步驟都有固定的身體動作要學習。既不要太過，也要到位。沉默中的動作就是體現茶道精神的動作。我很喜歡轉動手中的茶碗，摸一摸具有光滑邊線的古木物件，觀察主人動作的流暢性，我會從中獲得靈感。我也喜歡在外面的水盆用竹瓢舀水輕輕洗淨手指，這一切都絢爛奪目。每一個動作都像一首寂靜無言的詩歌，讓此刻得以突出。身體於是演變成和諧的工具。它沒有與其他事物發生衝突，而是與它們融為一體，它敬重物件，撫摸空曠的空間，且溫柔裝飾了時間的流逝。

將日常變為儀式

重返法國寺院後，我尤其重視動作進行時的專注。這並不難，因為我們有很多如傳統行禮（雙手合十，身體向前傾）、俯拜、出入房間等等的動作。當然，社會生活與此大相徑庭。所以，我謹建議你注意以下幾點，讓這幾個簡單的動作住進你的身體，與你和諧地融為一體。

●學會關門

你當然也要學會開門！其實我只是想建議你在靜默中完成開門或關門的動作。不要讓門發出任何聲響，製造任何噪音，而是很藝術地將門闔上，緩慢而小心，要想做到這一步需要熟練掌握動作的精髓。還有，你這樣關門的時候，也大幅減少了市區裡的日常噪音，對人類有所貢獻。一舉兩得！

●專注地切菜

你可以迅速完成這個動作。這是一個讓你在烹飪時，能立即感受自身動作的良機。廚房是一個理想的地方，因為香味、氣味、辛香料和其他香料都在邀請我們品味當下。在傍晚的靜默中，每一個動作都專注地完成。當你在平靜中聞著準備好的飯菜的同時，你也會在廚房中尋覓到顯著的緩解……或者不會！因為我剛剛描寫的是理想場景：沒有孩子們的吵鬧，沒有工作的壓力，也沒有抱怨的另一半，也不用花時間——噢！時間——做飯……這是夢，不是嗎？

事實上，日常的真實場景遠遠沒有這麼平和。確實如此。但是我說的專心動作並不需要任何特殊環境。它可以在一天尾聲充滿躁動的氛圍裡、在擁擠的餐廳或是街上完成。它可以只持續一分鐘，比如停下片刻以便幫孩子擤鼻涕，然後再重新開始。以上這兩種儀式需要經常實踐，一定要常常實踐，這很重要。從小動作開始，你的心裡會習慣一種新的存在模式。你奠定了日常靈修的基石後，智慧就會如影隨形。

3

靜音實踐

06

居家的靜音療法

當你身處家中或其他地方時，要如何在一兩天內，在最佳條件下與世界暫時脫離？為什麼不進行一次靜音療法呢？老實說，這個療法很容易實現，也藏著幾件能加速你進步的寶藏。

在以下的文字中，我羅列出的各種方法將陪伴你進行療程。只是一些簡單的建議，但它們來自切身經驗，你可以根據自己的狀況選擇。如果你在一天中只能獨處幾個小時，那麼一定要充分利用靜音療法前一夜的準備工作，這樣可為你創造良好條件。

無論你的情形如何，無論治療是持續三小時或兩天的時間，請帶著虔誠的心，從全神貫注之門進入神聖靜默中，這將對你百利而無一害。

準備

一切就從前一天晚上或幾天前開始。這些是要讓自己做出決定投入到體驗裡，在內心做好改變節奏的準備工作，同時準備好幾樣工具或隨身配件，讓它們陪你度過禪修。

克服內疚感

幾年前，我有幸接受一位充滿智慧的女士的分析治療。這位女士叫加布里埃爾・巴斯蒂安（Gabrielle Bastian）。有一天，我又哀嘆著向她描述了那個覺得自己無法圓滿且又深沉的不幸的人。她莞爾一笑，帶著幾許嘲諷地反駁：「可是坎吉育，你剛剛跟我描述的是一個七十歲的老人，她歷經千辛萬苦終見天日。而你只有二十八歲，你得給自己時間去學習！」她的話語產生了一種利於身心的強烈效果，我立刻終止了對遙不可及理想的追逐。

或者換個說法：我決定慢慢走向理想，逐漸前進。這就好比想要攀登白朗峰的人，如果他有一天突然穿著涼鞋出現在雄偉高山的山腳下，那麼他可能會受到劇烈打擊並立刻感覺墜入深淵（除非這位主角在事前被勸退，選擇立刻搭車回巴黎）！但是如果他花時間訓練，購買合適的配備，研究地形，那麼山脈將會逐漸在他面前呈現，挑戰也變得可以實現。總而言之，一切都是時機的問題，還有，要接受自身暫時的侷限。

為了投入治療，建議你從克服內疚感開始！克服過於緊張、不夠酷、沒有成為好父母等諸如此類的內疚感。你將在一種「不圓滿」的狀態中開始治療，然後往其他事物走去。此乃常態。有時，我在演講中跟觀眾討論時會聽到這句話：「不，冥想不是為我準備的，我做事非常迅速！」但是，冥想正是為你量身定做的！冥想並非針對平靜沉穩之人，事實上恰恰相反。靜音修行就是如此，它教我們靜坐於所謂的不完美中，並誠心誠意地擁抱它。

即使你心存內疚，比如，你沒有好好照顧孩子、親友、上了年紀的父母，沒有做好工作，或是沒有辦法解決非洲的貧困問題，也可以開始靜音治療。或者，你會因為自己太敏感、太懶惰、不夠酷，不夠有自信而備覺遺憾。但我想告訴你的是，這種罪惡感、不合適感也許就是你在靜音修行中要克服的情緒，甚至這種情緒可能（或非常可能）會自行消失，它會像耗盡了所有木柴的火焰一樣，自然熄滅。

美食

從喧囂過渡到寂靜無聲是一個挑戰，隱瞞這一點毫無益處。改變也許會很劇烈突然，甚至會讓人感到慌亂，所以你需要一些天堂或塵世的食物，伴你修行。

●作為獎賞的美味食材

除非混淆了靜音療法和齋戒（我們偶爾瘋狂一下！），否則在治療期間，你需要準備幾頓餐食。我非常建議你仔細料理食材，並將它們變成讓你快樂的東西。在修行開始的前幾天，找到有機的美味食材，感受它們的新鮮，並欣賞它們繽紛的色彩。你要認真選擇食材，不僅要考慮它們的營養成分，更要注重它們的味道。

保持安靜、放慢速度是一種困難的修行，因為快樂要晚一點才會出現。餐食可以代表兩次苦行之間的一種獎賞，並提供單純的快樂。有了美食，修行者便能在付出和滿足之間切換自如。

這些美食的確可以視為成功治療的象徵。因為如果你的治療方案非常難以進行，那麼你很可能會氣餒到想要放棄。心理學家米哈里・契克森米哈伊（Mihaly Csikszentmihalyi，他有一個很難發音的名字）在其著作《心流：高手都在研究的最優體驗心理學》（*Flow: The Psychology of*

Optimal Experience）中曾詮釋得非常到位。在一次橫跨幾種文化和幾代人的研究後，研究人員發現了幸福的普遍祕訣。我誠摯地請你研究一下這部很有意思的著作。簡而言之，我們的生活裡要有能讓我們愉快的寄託、慾望和目標，你為了達成這些目標也必須做出一點努力，而這正是神奇的條件。《心流》一書解釋了一種在努力和快樂之間不停擺盪的步驟，這也是我們在靜音療法中推薦你做的事情。比如，在你的方案中，安排二十分鐘的靜音療法，無所事事，如果可能，要讓自己感到無聊，但緊接著是享受作為獎賞的可口餐食（治療方案稍後你會讀到）。

●有精神食糧之效的啟發性書籍

在這個主題裡，你仍然擁有選擇權，你終於可以強迫自己閱讀那本「公關新工具」有關的巨著（你的上司一定會高興的），或者在客廳茶几上放幾本具有啟發意義、最多元、也最吸引人的小作品。

靜音數小時後，我們的精神更能接受新事物和觀點的改變。也許這時候該給它一些作業，讓它讀讀關於生命意義、了解人類靈魂的書，或是一些心理學讀物和遊記。選擇權交給你。

在本書的尾聲，我會為你提供一份具有啟發性的小讀物（和影片）清單作為參考。

設置底線並通知身邊的人

某些寺院裡的修行者會如此行事：想用幾天的時間沉浸在完全靜默中的修行者，會在自己的衣服上黏貼「靜默中」的標籤。如此，和他一起修行的人會在他修行期間小心避免與他交談。如果你要在家裡進行數小時或數天的靜音治療，為什麼不採取這種方式呢？

如果你要在親友間採取這項新做法，那麼務必要確信你的選擇。設置底線、進行解釋，並告知他們你以及身邊人所能期待的益處。你無疑會面對某些批評或嘲諷。我友善地提醒您，請保持淡定，任憑暴風雨過去。

你也可以記住一項重點，它甚至可以緩解各種狀況，你不需要說服別人！其他人也許會不同意或不理解，但這不重要。重要的是設計好你的治療方案，慢慢但篤定地實施。

收起數位產品，計劃性地消失

我們終於迎來了靜音治療的重頭戲：離開數位產品。為了完全享受靜音狀態，你需要關閉常用的通訊工具，如智慧型手機、電腦、市內電話、平板電腦等等。

● 改變我們和世界的關係

按下關機鍵，突然就會感覺到和世界的關係完全不同了。很多年以來，我們已經習慣了使用 Web 2.0 與彼此一直保持連結。人們因此而安心，也常常感覺不那麼孤單，感覺有很多見證者，有人類社群包圍著自己。我認識的某些人，每日發表他們對世界的看法，並因此找到了人生的意義。所以，我完全無意誹謗新科技和數位平台，然而在靜音治療中，獨處是最基本的。只有這樣他才能真正安靜、穩定下來，並且學習一種與自己相處的新方法。

一次成功的治療需要你完全斷絕網路。請關閉手機和電腦，在一段讓人抓狂的時間後，品味你重拾的自由！

要怎麼做呢？你可以在推特上宣布自己即將進行靜音治療（仍要用到網路！），然後將所有的數位產品放到離視線最遠的地方。請坐下、呼吸、「張開眼睛」看看身前之物。你也可以走到窗邊，安靜地看看窗外發生的事情。斷網可以讓你立刻重新聚焦於當下，聚焦於你身處的地方！這個簡單的動作本身就很讓人放鬆。

社交網路和通訊應用程式，其實給人們營造了一種永久的緊張。這些形形色色的工具安排了我們生活的方方面面，卻也阻止了我們充分體驗當下的人生。許多人總是一直這樣預先算計著要度過的時間，他們雖然與我們同在，卻同時在思考著之後要用什麼方式來向世界告知這件事（照片、文字、推特等等）。這是一個資訊爆炸的社會，在這個社會裡安穩地待著，也就是單純地「存在」著，已沒有任何意義。

關閉各種數位產品，在空虛中度過一段時間後，另一種和世界的聯繫會應運而生，它會讓你體會到深刻的舒適。就讓關機的行動始於靜音治療前夜吧！

●計劃性地消失

這是重要之日的前一天！為了從虛擬世界（網路）消失，你可以做各種事情來完成這個任務，尤其需要通知所有人：

- 在你的語音信箱上留言；
- 啟動信箱的自動留言功能；
- 打一個電話給你的家人和朋友讓他們放心。

做這些事情其實是一舉兩得的。不僅你的精神會變得自由，以便將注意力集中到別的事情上，你更讓自己有義務執行靜音模式。因為，在向大家宣布了你的計劃後，的確很難中途停止，否則大家就以為你是個愛說大話的人。我認識一位因此而成功戒菸的朋友。他在戒菸問題上對所有人誇下海口，重拾香菸會讓他在別人眼中失去信用。在你告知了人們你的治療計劃和時間後，你就淪為了療程的囚犯，而且你要強迫自己堅持到治療結束，尤其是要在幾天內保持安靜！

更棒的是，旁人在了解你計劃的同時也產生了好奇心，而且你身邊一定會有效仿者。其他人會趁此機會向你打聽治療方法及其效果，你便能將這種有益健康的靈修傳播開來，果然是一舉兩得！

實踐

無論你的治療是持續一天、兩天還是幾小時，這裡有一些零星的建議提供給你，好讓你的治療能起到最佳作用。當然，你無須遵從所有的提議，只需用心研究其中幾點就可以。過高強度的安排很可能會適得其反，將你日常生活面對壓力的狀態也導入治療中。

此外，從長遠來看，療程的規劃未必是必要的。它的確是使人安心的指南，可是，在幾次相似的體驗後，比如在你的第十次治療結束之後（是的，我們以此為樂了！），你會很樂於無所計劃，並自在隨性地體驗。在達到這種讓人羨慕、充滿智慧的狀態前，我謹在此為你指出幾條道路，目的在讓你充分享受寂靜的空間和放慢的時間，同時也能用心體會一下幾個最基本的經驗。

無所事事、望向窗外的藝術

有一次，我在印度禪修，閉門幽居了近一週的時間。請你放心，我是心甘情願「自囚」的。我體驗了阿育吠陀醫學中一種稱為滴油治療（Shirodhara）的淨化儀式。治療期間，病人接受了將熱油塗抹在全身，特別是前額上的密集照護。治療師會在前額上用有療效的熱油網仔細地從右到左掃過。治療持續數分鐘，於是身體內部就像回音一般，產生幾乎類似於催眠的擺動。從某種程度上來說，治療裡的每一個細節都是以還原細胞初始狀態為目的。這個歷史悠久的技術，除了詭異地讓我想起了EMDR眼動減敏與歷程更新療法（或稱眼動療法）外，在治療進行的整個過程中，病人會享受如同新生兒一樣的待遇。因此，他必須待在自己的房間裡以避免發生感染。

接下來，另一種完全不同的體驗開始了。我坐在窗前，自娛自樂地看著小山羊、乳牛、鳥兒粉墨登場。當牠們都不出現時，我又感慨萬千。坦白說，大部分時間裡，地平線上除了幾棵樹木巍然屹立不動以外，真的什麼也沒有，甚至連一座幫流逝時間打節奏的大鐘都沒有。除了一把不舒適的椅子、一張床、一個幾乎空空如也的衣櫥和我的萬千思緒以外，什麼都沒有。我在這次禪修中逗留了四週，期間發生了很多事情，有前所未聞的邂逅，有讓人沉醉的印度教儀式、場所和難忘的人物。有很多不尋常的事情可在無聊的漫漫冬夜敘述。但我最記得的，卻是這些我在窗前度過的時間。正是這些在窗前流逝的時間讓我獲益良多。無所事事，也沒有朋友互相交流，讓我在人生中第一次體驗了巨大的空無。在那個時候，很多重要的事情突然變得微不足道了，生活出現了另一種樣貌。那一週裡，我從不悅過渡到了消沉，繼而經歷快樂，最終獲得深沉的平靜。這一切都得益於言語、眼睛、動作和思維全然的靜默狀態。

在家裡，你可以從在窗前待三十分鐘或一小時開始，用碼錶計時，讓自己真正地放空。也請允許我誠摯地祝願你享受一段深沉的無聊時光！

安靜用餐

安靜用餐多麼幸福！我們每天都在寺院裡做這件事情，我因此得以衡量這與在酒吧角落或在火車月台上狼吞虎嚥的午餐的差距。因為安靜用餐的過程能發生很多事情。

首先——也是最重要的，安靜用餐能讓我們意識到在全球七十億人中，我們多麼幸運食可果腹。很多靈修導師在用餐前，皆會建議大家感恩所有使這一餐得以實現的良好條件。這已經超越了任何一種宗教信仰，我認為這是一種向桌上餐食致敬的美好作法。在我的侄子們很小的時候，和他們一起進餐時，我們總是會牽起手說：「感謝所有為提供美好餐食而默默奉獻的人們。」這除了是要巧妙地讓小客人別因為我給了他們薯條之外的菜餚而不滿外，也是要讓他們知道這些餐食來到桌上並非易事。有時，我們也會安靜用餐，偶爾令人難忘的開懷大笑（當然，這只是偶一為之，父母每天的任務遠遠沒有這麼簡單）。

我還沒說完。安靜用餐尤其讓我們可以品嚐菜餚，發現其中的味道，並且慢慢咀嚼食物。認真進食，慢慢、完全地享受每一口食物。消化變得容易了，呼吸愈發平和，我們也可以默默地為自己的廚藝天分感到滿意！

最終，在平靜中享用的餐食也有助於內臟的運作。如果腹部放鬆了，它會運作得更加順暢，還有什麼能比得過讓自己在靜音時間裡放鬆一下呢？甚至，根據一些祕密社團的傳統，此時，也就是人們的正念表現出來的時候，我們會吸收能強化健康與存在狀態的微妙、光明能量。

以不同方法走出家門

做自己城市裡的遊客常常會產生奇妙感，這就像是在邀請我們改變眼光。我也經常以不同方式在城市裡行走，要不抬頭仰望天空，要不就是乘坐游船。因為，靜音療法不要求你一定要深居簡出，而是要換種方式做事，你要有意識地將自己放置到緩慢節奏中。

我曾在第三章裡建議你做幾個與目光有關的練習。它們完全適合你的療程。在家裡或外面，在一種相當接近日常生活的交替中，內在與外在的兩種能量也因此發生接觸。不過，你可能已經猜到了，我們所說的不是要你在外面過日子。只是向你建議在內在充滿靜默時的幾種偷閒方式、幾種發現世界的方法。在戶外，你要強迫自己緩慢行走，要經常停下腳步，抬頭看樹或看鴿子，要學會品嚐這種前所未有的快樂：當所有人都在拼命奔跑的時候，你卻優哉游哉！

記下心得，只為今後

在這幾天或幾個小時中，你的腦海中會閃現出很多想法或感覺，例如意識到某些事物、疑問、慾望、調整。記下其中某些想法是非常有用的。開始的時候，尤其是不悅情緒出現的時候，請花時間記下一切，哪怕筆跡凌亂不堪也不要考慮，只是要將事情記錄到紙張上，好讓你從情緒中解脫。你不妨試試。隨手拿起記事本來書寫，這本身就是一種發洩方式。負面想法被記到了紙上，離自己遠了，腦袋也自由多了。

接下來，你可以拿本子總結或記下你希望賦予未來生活的方向。我再次提醒：當你寫下一切的時候，一個行動已然付諸實踐了——這合乎邏輯——這已不是空談了。我們邁出了走向夢想和實現夢想的第一步！

療程結束後，如果你需要重新找回情緒、感覺和體驗過的舒適感，就要經常重讀筆記。它們將會構成你日常生活的正面根基，這是一種資源。你的筆記本也會成為你為了勇敢面對生活而完成事情的象徵。或者，它就像一個出發點，你會繼續用你的思考和進步填滿書頁。

然後……

冥想、唱歌、跳舞、烹飪（參看第五章），或者進行之前的章節裡描寫過的各種其他活動。

祝你治療順利！

07

行為的靜默，或道德的靈修

地球，充滿耐心的母親

「身為印第安人，是與清晨的星星同起；
此時，漫無邊際的神祕
賦予我們祈禱的時間；
此時，鳥兒沒有鳴叫；

此時，我們的母親——地球——還在酣然入睡。」

這首壯麗的詩歌是我幾天前在國家視聽研究院（INA）的網站上收集到的。[20]這是一個五十來歲的印第安人口述的。他傷感地講述印第安人在現代社會裡實踐他們靈修的傳統時，所面臨的種種艱難。採訪出自一九七六年拍攝的一則新聞報導。報導剛剛重新播出，而美國北部的印第安人始終還在為保護他們的土地免於石油開採而抗爭。對我來說，這則訊息非常重要，它說明了一切。還有什麼比每天早上起來腳踩大地、觀看日出更重要的呢？

不幸的是，很多人似乎更喜歡做其他事情：購物、用籬笆圍田、建立工廠、馴服自然……，但在我聽到印第安人的發言後，我覺得自己沒那麼孤單了，我和他們一樣因社會演變成今日的局面而感到悲哀。雖然悲哀卻又保持了樂觀。的確，潮流似乎正在改變。世界各地也發起了保護、治療、簡化和放慢速度等諸多倡議。

20 https://www.ina.fr/video/I17025083/interview-de-russell-means-un-sioux-oglala-video.html

我常常把地球想像成一位母親，她溫柔地注視著分散於五湖四海的孩子們製造無節制的混亂。他們奔跑、互毆、挖掘、捕魚、掩埋垃圾……。他們如此不守規矩，連地球媽媽都不知道該怎麼辦了！當一切太過混亂的時候，小海嘯、火山噴發、地震便突然而至。在讓孩子們重新出發去玩耍之前，地球母親在小學校園裡稍微重建了秩序。以世間萬象來看待人類的行為，我看見了作為人類的我們就像是不安分的孩子，漸漸從犯下的錯誤中吸取教訓。最重要的是，每當我們之中有人摔倒時，他會在接下來的時間裡向其他人解釋如何才能保持站立。有的人聽見了，有的人沒有聽見，需要慢慢地、平靜地重新解釋。路漫漫，但地球母親充滿耐心！

於是今天我突然閃過一個想法：如果我們成長到懂事的年齡呢？如果我們走出小學校園去上中學呢？如果你加入這群人，你將會看到我們開心玩耍，勘探新領地，創造新世界，而地球母親也會心滿意足！

回歸簡約

正常來說，從閱讀本書開始，你已經進步很多了。（如果不是這樣的話，請加快步伐吧！開始努力！我們等你！）尤其是在第一章提及的——「接受缺乏」——這個領域中，你已經進步了很多。當缺乏感出現時，它迫使我們離開家門，好忘卻焦慮，或命令我們打開電視，或冷酷地指揮我們用幾次衝動購物來滿足它。有時，後一種情形似乎理所當然，然而細細想來，這隻新的智慧型手機真的是必需品嗎？

在馴服缺乏感，或者說逐漸學會馴服缺乏感的同時，我們也將從這種抑制不住要滿足缺乏感的需求中解脫出來，也解救地球於未來難以計數的垃圾中，就是這麼簡單。因此，最近旺仁上師（龍門寺住持）發聲了：「人類在冥想時，搖身變成了天使。他們這麼做時，對地球產生的好處多得驚人！」沒有人能形容得比他更好了。正因如此，在二〇一五年 COP21 聯合國氣候高峰會舉行的時候，我們參加了「為地球靜坐冥想二十四小時」的活動。

然而並非只有冥想才能讓人重獲自由。有時只需簡單計算一下用來購物的時間、為保持時尚而被消耗的能量，以及從世界另一端進口的這種或那種的蔬菜所留下的碳足跡，光是這些就足以讓我們去除消費的慾望。從我自己的角度來說，隨著缺乏感逐漸平息，我得以啟動幾個簡單原則來指引自己和消費的關係。在這本書的尾聲，我想和你一起分享這些原則，就像是一次交流一樣。它們只是作為例子列出，我無意引起大家的內疚感，也不想為所有人限定規則。每個人要自己找出如何能在短期、中期、或長期內，將這些原則運用在自己的生活中的方法。

道德購物

幾年以前，我讀到了越南禪宗大師釋一行的這番話：「假如你消費了源自苦難的東西，你就在自己身上播下了苦難的種子。」二〇一三年，孟加拉一棟大樓倒塌，這番妙言要道的教誨對我來說更顯重要。那時有近一千兩百名工人遇難，其中絕大多數為女性，她們在惡劣的環境中為我們生產服裝。那是拉納廣場的慘劇：世界另一端的女工為我們的美麗付出了生命。這是相互依存的悲劇面。

從那時起，我便會仔細檢查購買商品的產地。的確，如果我買的（知名）巧克力棒實則來自非洲孩子的勞動，我怎麼高興得起來？我就不說牌子了。但如果這個話題能引起你的關注，就請你上網搜尋一下，你會發現很多企業都與此相關。

從今往後，我都不可能再穿中國或印度製的服裝了！一個年輕女孩子匍匐在縫紉機上，脊背忍受著長年累月辛勞工作帶來的痛苦，這樣的畫面常常在我腦海中浮現。在那裡工作並非出於她自己的選擇，她的生活被圈進了服裝工廠的高牆裡。我們把這種現象稱為現代奴隸制。幸好，我們還能採取行動。比如對相關品牌施加壓力，發起抵制行為，好讓事情有所改變。股東將會放棄他們紅利的百萬分之一，而那個小女孩也會有時間和她的戀人一起去曬曬太陽。

當然，我們也可以指望世界自己改變，或者等富人們同意變得稍稍不那麼富有（或者等太陽從東邊升起）。但有時，我總覺得透過抵制或請願，促成人們在安靜平和的精神中獲得這樣的意識，這對所有人都是大有裨益的。你說呢？

節制的幸福：向皮耶・拉比（Pierre Rahbi）致敬

我們得承認，考慮了道德因素的購物會讓生活變得更複雜。開始的時候，我尋找過替代品，比如公平貿易的服裝、本國製造的產品等。追尋商品的源頭是件困難的事情，因為商品標籤上只顯示出一部分商品訊息，有時甚至為了迷惑消費者，它們只標出生產鏈的最後環節（請參看「標籤上的道德（Collectif Éthique sur l'étiquette）」此組織精彩的工作成果）。所以，另一個解決辦法成為必要：不行動或者採用皮耶・拉比所說的「節制的幸福」。我買的東西變得很少很少，每天我都這種為革命性的不購物而深感慶幸！

然而羅馬不是一天造成的。有快感的節制花了數年時間。開始的時候，我像很多人一樣瘋狂消費。當我還是大學生（法律系）的時候，我有幸拿到了獎學金，然後找到了一份保姆的工作。只要一覺得憂鬱——在那段時間常常發生，我就到市中心閒逛，只為買衣服、美食、書和CD，或者一樣能帶給我一點溫情的東西。這是一種容易暫時解脫的方式，但通常都伴隨著新的空虛感，尤其是會讓錢包空空如也！當時我完全不知道缺乏感的深淵是沒有盡頭的，我也不知道只有改變習慣，與缺乏感和解，才能帶來平和。

現在，我的情緒在被多次觀察和接納之後，沒有當時那麼強烈了。我很少去商店，不喜歡購物，也不會想像自己擁有這樣或那樣東西。我情願去森林裡消磨時光，或者和朋友們相聚，而不是去大賣場。

但是優點不只如此！如果「節制的幸福」符合大眾潮流，那是因為它為那些身體力行的人提供了持久的幸福。它甚至提供了一種享樂的形式，一種我會稱之為「有快感的節制」的持久快樂。不消費是令人愉悅的，讓人感覺良好，讓人們臉上浮現微笑，也暗藏了許許多多的益處，例如：

- **贏得了做其他事情的時間**：看望朋友、閱讀一本好書、唱卡拉OK、雨中吟唱、看河水流淌等等。
- **節約開支，所以能將錢用在刀口上**：比如參加非暴力溝通的培訓、支持人道主義的計劃、織一雙溫暖的羊毛長襪讓自己有安全感，或者去實踐所有對你來說重要的事情（是的，我承認，這也是消費，但實質已不一樣了）。
- **加入「仁慈革命分子」的行列！不購物是一種政治行為**：我們重新找回可以改變世界的感覺，成為自己生命的主角，能夠作決定，並投身創造更加美好的未來。這些也是讓人感覺良好！

素食主義，或不食朋友的藝術

動物倫理學這一領域的研究可謂突飛猛進，實屬萬幸！那些與屠宰場日常（牲畜的日常與人類的日常）相關的可怕報導，和想要保護地球免於過度消耗的共同願望，都是原因。動物倫理學是我非常喜歡的一個主題。然而，雖然這個主題對我很重要，但這一部分的寫作對我來說是相當困難的挑戰。一想到動物所承受的痛苦，我就心亂如麻。我的情緒在憤怒（不盡職的勸告者）和絕望（對此毫無用處）之間搖擺。看著人們讓動物承受的折磨，我就像是一個發現原子彈存在的孩子，不停地問：這一切究竟是為了什麼？細膩且心懷憐憫的寫作是最艱難的事情，所以我會想著每個生命的美麗之處，來試著探討這個主題。

某天晚上，一對夫妻邀我到家中晚餐。這對夫妻已信仰佛教近三十年的時間。他們是那種魅力十足的人，來自巴黎的上層社會，教育程度很高。在暢飲開胃酒的時候，聊到我是純素主義者這件事時，男子眼眶濕潤地說：「啊，我完全理解，我也不能承受動物所受的痛苦！」之後，他們上了烹煮了整個下午的焦糖烤豬這道菜……

「非人類」動物

我們需要暫時關注一下西方歷史，以便能更加理解這一切。數個世紀以來，人類似乎需要確定自己比其他物種優越的事實。不同的神學理論藉由把人類放在萬物的中心，充分地促成了這件事。上帝照自己的模樣創造了人類，並賦予他們高級的角色和特別之處。這很好。但是作為交換，上帝也交付給人類一些義務，這是一些很女性化的工作，比如照顧、關心、維持和諧。但是，人類征服了新的領土後，很快有了脆弱感，需要肯定自身的權力以讓自己安心。於是他們拿著一副小小的放大鏡去解讀聖言，他們竊取了掌控萬物生死的權利。當然，我們都知道後果了。

今天，我們因人類的自然進化，而改變了看待問題的視角。

變化首先都是從術語的使用開始。我們命名事物的方式暴露了我們和事物的關係。越來越多的研究者和大學教師注意到關於物種的最新知識，開始區分「人類動物」和「非人類動物」。兩者都沒有脫離「動物」這個大範疇。我在森林中、牧場裡度過數小時，與馬兒、貓咪、鳥兒和各種昆蟲共度時光，所以這種新的分類方法正合我意！而且人類，或者更準確地說，「人類動物」在這種轉變中獲得了更多好處。你不妨想像一下，作為動物，他從此可以追求對於感官能力（聽覺、視覺、觸覺等等）的認可，乃至讚頌。作為動物，他漸漸發現，能存在於身體中而非頭腦中是多麼幸運、多麼美妙。作為動物，他會樂於接受當下的自發性、即刻性，而且已然穩固的群體倫理會庇護他的本能。

但一個至關重要的問題也出現了，有什麼能合理化他食用同類這件事呢？或者不如這樣提問：吞下牛排，享受了五分鐘的快樂，但這能將在此之前同類承受的可怕痛苦合理化嗎？

印第安人或者佛陀的智慧

再一次地，我們要從印第安人，從這些親近自然的人身上，重新學習如何和地球正確相處。砍下一棵樹前，印第安人會集中族人為樹木舉行最後的儀式。他們感謝生靈賦予了樹木生命，他們用歌聲講述所有來自生靈之物，並頌揚它的存在和它為人們帶來的福利。這種對生命的感恩是極高意識的表現，也體現了人類的高度進化和對生物之間相互依存原則的實用認識，而正是這種原則支配著世界的運行。

在世界的另一頭——印度，有關佛陀未成佛時前世的故事也很有價值。我們將這些故事稱為「本生故事」。這是一些富有隱喻的故事，貌似平常，實乃絕妙。據說，在某一世中，佛陀曾經將自己的大腿施予奄奄一息的母老虎，讓牠積蓄能量來養育小老虎。這跟那些在北美捕殺老虎的獵人天差地遠，他們還在臉書上放了扛著戰利品和口徑粗大的獵槍照片！

戒除，一種非暴力的選擇

選擇做素食主義者，甚至是純素主義者，類似於選擇甘地相當珍視的非暴力，即不殺生。如果倡導無暴力消費，並反對違反無暴力原則的貿易，諸多好處便會開始顯露。行動上的沉默具有意想之外的優點，這些優點可以為我們的日常生活提供或強化舒適感。

●讓細胞感覺良好

在經過等待、無休無止的運輸、痛苦、寒冷、口渴、拳打腳踢等漫長的環節後，我們的小乳牛瑪格麗特最終在離開屠宰場時，變成了一具被剝去骨頭的屍體，被分割成了若干塊肉。這每一塊將會（或者不會）到達我們盤子裡的肉，都有痛苦瀰漫其間。科學研究證明，動物在被屠宰的時候，產生的壓力分泌物和其他激素是最多的。因此，市面上販售的肉，無論是哺乳動物的或魚類的，都充滿壓力，也確實受到各種激素毒害。在攝取肉類的時候，我們也吞下了這一部分。一頓飯後，人們會感覺難消化、不適，甚至是焦慮，這樣的情況並不罕見。

但如果你首選的是植物蛋白質、豆類或豆腐，你不僅會享受到探尋新口味與新烹飪祕方的樂趣，也會讓全身的細胞感覺到輕盈！許多蔬菜擁有最能促進食慾的繽紛色彩，而且沒有損害健康的風險，恰恰相反！吃素十餘年，做了三年的純素主義者，我沒有出現過任何營養缺乏的狀況。除了冬季，我和這個時代四分之三的阿爾薩斯人一樣，會缺乏那出了名的維生素D。還有，我偶爾會感覺到胃酸，這主要是因為我對咖啡上癮（對此，我供認不諱！）。

●保持平和，感受聯結：「附帶的贈禮」

自從選擇成為純素主義者，我感覺到了平和，好像做了自己該做的事情。當然，我不得不放棄鼎鼎大名的哈克雷特熱融乳酪配馬鈴薯，這曾經是我每年冬季都要享用的菜餚。然而，從規律地充盈全身的舒適感來說，這種犧牲微不足道。你知道的，就是這樣的情緒、這種活出一種完全符合自己價值觀的生活所帶來的幸福感。

我經常和來進行催眠治療的病患討論價值觀的問題。如果我們想要改變生活、行為，甚至是習慣，就需要知道對我們來說最重要的事情是什麼；就是那些一旦缺少，生活便可能會失敗的事。對一些人來說，也許最重要的事情是擁有自由、安全的感覺、幫助別人、旅行、成家，在某一體育項目上拔得頭籌等等。當他們完成了這些事情或者生活正邁向這個方向的時候，內心的平靜就出現了，它如此自然，就像是一份「附帶的贈禮」！

從我的角度來說，與自然和諧共處是我的主要價值觀之一。比如，精彩成功的一天是我可以聽見鳥兒鳴叫，可以觀看日出（最近我在巴黎看過，壯觀極了！）的一天。而我從未想過早起時，內心帶著讓動物受苦的種子。我去鄰近的牧場問候四隻腳的冰島朋友們時，牠們信任地待在我身邊，快樂地噴著鼻息。牠們一定感覺到我已然失去了肉食動物所具有的捕食性。當然，我沒有科學研究來證實這些陳述，但是我一直認可的生活模式，的確引起了我內心程序的深層變化。不那麼有攻擊性，少一些壓力和緊張，更多的是內心的放鬆、笑容、享樂和凝視世界之美！

我朝森林和水邊輕輕俯身，
我是一個幻想者，也是花兒和鳥兒的爺爺；
我對萬物有著神聖且深刻的憐憫；
我阻止孩子們虐待玫瑰；
我說：「不要嚇唬植物和動物，
笑勿嚇人，玩勿傷人。」
珍和喬治，面容純淨，雙瞳著迷，
在盛開的鮮花中閃閃發光；
我在這片天堂遊蕩，卻不將它驚擾；
我聽見他們的歌聲，我做夢，並告訴自己：
在自己迷人的喧鬧聲中，他們並未留意到

那本已然寫定命運的神祕書籍
書頁翻動時陰暗的噪音，
他們遠離神父，卻靠近上帝。

——維克多・雨果（Victor Marie Hugo），〈在田裡〉，選自《詩性集》

了解更多——資源和小魔法

第一章——靜音的效用

・要承認自己「與生俱來」的樣子，並且與自己的不完美和解，請參閱佩瑪・丘卓（Pema Chödron）的《不逃避的智慧》，胡茵夢譯（心靈工坊，2005）。

・要觀察簡單又深沉的生活精彩之處：請參看阿南達瑪依・瑪（Ananda Moyi Ma）的影片，尤其推薦阿諾・德賈汀（Arnaud Desjardins）在1960年代拍攝的電影《道場》（*Ashram*）。

・幾年前我深感快樂地閱讀過馬克・德・史密得（Marc de Smedt）的《靜默頌》一書（*Éloge du silence*，Albin Michel，1989）。

第二章——偉大的沉默者

關於動物

・可以從一本動物行為學或見證文學的書籍開始：皮耶・朱文丹（Pierre Jouventin）的《卡馬拉，一頭居家母狼》（*Kamala, une louve dans la famille*，Flammarion，2011）。

・萊拉・德爾・蒙特（Laila del Monte）就與動物直接交流的工作網站：www.lailadelmonte.fr。

・一位英國科學家相當新穎的想法：《自然之魂》（*The Rebirth of Nature*：*The Greening of Science and God.* Park Street Press, 1994）一書中的羅伯特・謝爾德雷克（Rupert Sheldrake），及其形態場域論。

關於禪修修行

隨著冥想修行的日益流行，可修行的地方比比皆是。但我要請你慎重選擇，去那種能讓你改變觀念的地方。佛教寺院會很歡迎無宗教信仰者和其他宗教修行者的到訪。如果寺院正在舉行儀式，你可以將其視為對於當下與和諧的單純體驗。要找到有合格修行導師的禪修場所，可以參考以下各個網址：www.bouhhisme-info.fr，www.zen-azi.org（尤其是位在讓德羅尼耶 La Gendronnière 的禪寺，這是靠近布盧瓦（Blois）的神奇之地，地處遼闊的森林當中，有許多為初學者舉辦的禪修修行），www.meditation-zen.org（我在這座寺院裡修行了十五年有餘，在裡面度過了很多時日，寺院住持為奧利維爾．賴艮——旺仁。）

第三章——讓視線保持安靜

．關於注意力的集中及其神經學的起源，推薦一本寓教於樂的書籍——尚—菲利普．拉肖（Jean-Philippe Lachaux）的《注意力的小氣泡》（*Les Petites Bulles de l'attention*，Odile Jacob，2016）。

．緩解眼睛疲勞之法：站在白色牆壁前，放空自己，無所事事幾分鐘。

．關於正法寺住持青山俊董法師：這位令人敬仰的八十五歲女僧人，堪稱修行者的典範。《佛教的智慧》（Sagesses Bouddihistes，法國電視2台France 2）節目曾對其做過兩次報導，在網站上可以找到。

・關於心智內容和許多關於意識的可能體驗，推薦我的朋友弗雷德里克・文森（Frédéric Vincent）的總結之作《心智零點》（*Zéro Mental*，Dangles，2014）。

第四章——語言的靜默

・愛德華・霍爾（Edward T. Hall）的《隱藏的維度》（*The Hidden Dimension*，Anchor，1990）。

・阿道斯・赫胥黎（Aldous Huxley）的《眾妙之門》（*The Doors of Perception & Heaven and Hell*），陳蒼多譯（新雨，2016）。

・關於神經語言程式學和催眠的研究，請查閱在法國和歐洲眾多城市裡的方舟研究院（Institut Arche）的資料。我在那裡獲得了催眠治療師的認證，並且對這個由凱文·菲諾（Kevin Finel）精心管理的機構中的道德要求印象深刻。

·王者之道＝禪宗冥想之路。請參閱 www.zen-azi.org 網站提供的歐洲各大型與中型城市的冥想修行地點。

·完成一次全然靜音的禪修修行：參看內觀靜坐協會的禪修修行（根據葛印卡大師的工作）或者參看網址 www.meditation-zen.org。

第五章——身體的靜默

·關於身體對精神的影響，請觀看艾美·柯蒂（Amy Cuddy）的 TED 演講影片 www.ted.org（《姿勢決定你是誰》）。這是一場很有意思、充滿活力的演講，被譯成多種語言。

·費登奎斯方法，它邀請我們透過細小的動作發現並住進自己的身體裡。

・探索裏千家流的茶道：網上有許多影片。我的建議是觀看它們時務必關閉聲音。

・誠心誠意地切菜，使用附近栽培的有機蔬菜是最好的。你認識支持小農農業協會（AMAP）嗎？

第六章——居家的靜音療法

・米哈里・契克森米哈伊（Mihali Ciskszentmihalyi）的《心流：高手都在研究的最優體驗心理學》，張瓊懿譯（行路，2019）。

・青山俊董大師的《禪與人生》（*La Zen et la Vie*，Albin Michel，2015）。

・到印度進行阿育吠陀禪修修行：帕奇卡馬（Pancha Karma）排毒治療，在電影《我的印度醫生》（*Mon docteur indien*，賽門・布魯克 Simon Brook 導演）中有所提及。

・凝視：我的朋友、才華洋溢的攝影師馬努艾拉・鮑美（Manuela Böhme）的照片。請上 mboheme.tumblr.com。

第七章——行為的靜默，或道德的靈修

・令人讚嘆的 Colibris 運動，由同樣令人讚嘆的皮耶・拉比（Pierre Rabhi）發起：www.colibris-lemouvement.org。

・標籤上的道德（Collectif Étique sur l'étiquette）協會，它們為產品出處的明確資訊而積極行動：http://ethique-sur-etiquette.org/

・科琳・裴路瓊（Corine Pelluchon）的主要著作《動物主義者的宣言》（Le *Manifeste animaliste*，Alma Edition，2015）。

・法國 L214 協會或一個聲音（One Voice）協會的行動。

・佛學大師馬修・李卡德（Mathieu Ricard）的《為動物辯護》（Plaidoyer pour les animaux）一書，書中文字充滿慈悲，卻不會讓人產生內疚感，

堪稱智慧的典範！

・讓・紀沃諾（Jean Giono）的《種樹的男人》一書，邱瑞鑾譯（果力文化，2015）。

國家圖書館出版品預行編目(CIP)資料

安靜力/ 坎吉育.塔尼耶(Kankyo Tannier)著. -- 初版. --
新北市 : 木馬文化出版 : 遠足文化發行, 2020.05
面； 公分
譯自 : Ma cure de silence : et si on essayait le calme?
ISBN 978-986-359-711-7(平裝)

1.靈修
192.1 108013691

安靜力：
每天10分鐘，揮別躁動與空虛，重新遇見美好的自己
Ma cure de silence：Et si on essayait le calme?

作　　者：坎吉育．塔尼耶Kankyo Tannier
譯　　者：聶雲梅、周昭均
社　　長：陳蕙慧
副總編輯：李欣蓉
協力編輯：Lys Chen
封面設計：謝捲子
行　　銷：陳雅雯、洪啓軒、余一霞、尹子麟
讀書共和國集團社長：郭重興
發行人兼出版總監：曾大福
出　　版：木馬文化事業股份有限公司
發　　行：遠足文化事業股份有限公司
地　　址：231新北市新店區民權路108-3號8樓
電　　話：(02)2218-1417
傳　　眞：(02)2218-0727
Email　：service@bookrep.com.tw
郵撥帳號：19588272木馬文化事業股份有限公司
客服專線：0800221029
法律顧問：華洋國際專利商標事務所　蘇文生律師
印　　刷：中原印刷股份有限公司
初版一刷：2020年05月
定　　價：330元